Die Freude des treuen und freudigen Gebens

DIE FREUDE DES TREUEN UND FREUDIGEN GEBENS

Vincent Onyebuchi Nwankpa, Ph.D.

ARPress
45 Dan Road Suite 15
Canton MA 02021
  Hotline: 1(888) 821-0229
  Fax: 1(508) 545-7580

Bestellinformationen:
Mengenverkäufe. Für Unternehmen, Verbände und andere gibt es besondere Rabatte auf Mengenkäufe. Für weitere Informationen wende Dich bitte an den Verlag unter der oben genannten Adresse.

Gedruckt in den Vereinigten Staaten von Amerika.

ISBN-13:   Softcover   979-8-89676-097-9
            eBook   979-8-89676-098-6

Library of Congress Kontrollnummer: 2024910079

INHALTSVERZEICHNIS

VORWORT

Vorwort zu The Principles of Christian Giving, von Vincent Nwankpa, Ph.D.
Januar 17, 2021

Kaum ein Thema wird so selten angesprochen und ist so umstritten wie das christliche Geben. Die Kirche befasst sich nur äußerst selten mit diesem wichtigsten Aspekt der Nachfolge eines Gläubigen in Christus – und wenn, dann nur oberflächlich oder gar nicht. Dr. Nwankpa hat sich zu diesem Thema klar und deutlich geäußert und die Diskussion eröffnet.

Dieses Buch behandelt die tatsächlichen Verhältnisse in der Kirche in Bezug auf finanzielle Mittel, Spenden und ein Leben, das den Herrn ehrt und an seinem Werk teilhat. Vincent hat uns einen großen Gefallen getan, indem er uns eine fundierte biblische Perspektive zum Thema Geben vermittelt hat. Seine Recherchen sind eine solide Hilfe für Gemeindeleiter und Kirchenvorsteher. Ebenso seine praktische Weisheit. Und auch seine langjährige Erfahrung als erfahrener Nachfolger Jesu und Diener des Evangeliums.

Aber sei gewarnt. Die eigenen Werte des Lesers werden durch die Lektüre dieses Buches in Frage gestellt. Besitzen wir unsere Reichtümer, oder besitzen sie uns? Um den größten Nutzen aus dieser wunderbaren Quelle von Informationen, Perspektiven und biblischen Einsichten zu ziehen, sollte man bereit sein, sich persönlich zu engagieren.

Dr. Nwankpa geht in seinem Beitrag auch auf die Frage ein, wie kulturelle Kontexte die Ansichten und Praktiken des Gebens beeinflussen. Da sich der Fokus auf das Heimatland Nigeria gelegt wird, werden die Beobachtungen der Autorin sowohl interessant als auch motivierend gefunden werden, unabhängig vom jeweiligen Zuhause der Leser.

Das Buch verwendet die Heilige Schrift konsequent und angemessen und leitet und ermahnt die Lesenden zu einem Leben des freudigen und großzügigen Gebens. Zusammen mit zahlreichen zusätzlichen Links zu weiterführenden Studien werden die Leser:innen in dieses hochaktuelle Thema hineingezogen. Ich gratuliere Vincent zu seinem herausragenden Beitrag für die Familie Christi. Mit ihm und seiner Familie verbindet mich seit über 30 Jahren eine tiefe Freundschaft.

Mick Boersma, Ph.D.
Professor Emeritus für christliche Arbeit und Führung
Talbot School of Theology
Biola Universität

Blog-Eintrag

Für „Die Prinzipien des christlichen Gebens" von Dr. Vincent
Nwankpa 17. Januar 2021

„Dass Geld spricht, werde ich nicht leugnen. Ich habe es einmal gehört, es sagte: ‚Auf Wiedersehen!'" Mit diesem Spruch bin ich aufgewachsen und habe oft geschmunzelt. Das lag vielleicht daran, dass wir auf unserer Farm viel Land und Vieh, aber wenig Geld hatten. Aber als ich dann eine Gemeinde leitete, habe ich den Spruch nicht mehr so verstanden.

Eine der größten Herausforderungen für christliche Führungskräfte heute besteht ohne Zweifel darin, eine angemessene Finanzierung und andere Ressourcen für die Arbeit zu sichern. Dafür gibt es viele Gründe. In seinem neuen Buch „The Principles of Christian Giving" (deutscher Titel: „Die Prinzipien des christlichen Gebens") deckt Bruder Vincent Nwankpa diese und andere Probleme auf. Er leistet damit hervorragende Arbeit. Es hat mir Spaß gemacht, sein Buch zu lesen. Ich befand seine Untersuchungen als theologisch fundiert, zeitgemäß und relevant für die heutige Epoche.

Die Menschen in unserer ersten Pfarrstelle waren großzügig. Wir haben nicht viel Geld verdient. Aber sie haben sich um meine Frau und mich gekümmert. Sie haben uns geliebt und uns geholfen. Sie haben uns Essen gegeben und uns unterstützt. Das haben sie gemacht, als wir angefangen haben, für andere zu arbeiten. Jedoch waren unsere Dienstjahre oft von finanziellen Schwierigkeiten geprägt, und für die meisten Pastoren und Missionare sind die heutigen Herausforderungen eine reale und unmittelbare Bedrohung für ihre Gesundheit, ihr Wohlergehen und ihre Mission.

Ich ziehe meinen Hut vor Dr. Nwankpa, der sich die Zeit und Energie nimmt, biblische Weisheit und seine lebenslange Erfahrung zu teilen, um uns alle im christlichen Dienst zu ermutigen und zu lehren. Bruder Vincent, Du hast Recht, wenn Du sagst, dass in den Kirchen heute zu wenig über das Geben gelehrt wird. Es ist an der Zeit, sich wieder auf die Grundprinzipien des Gebens und die Freude zu konzentrieren, die aus einem großzügigen Leben im Leib Christi entsteht, denn nur so können wir uns wirklich glücklich schätzen!

Mick Boersma, Ph.D.
Professor Emeritus für christliche Arbeit und Führung
Talbot School of Theology
Biola Universität

Im Sommer 1999 gründeten Vincent Nwankpa und seine Frau Chinyere eine Schule in Nigeria. Das war nichts Ungewöhnliches, denn viele Menschen taten das jedes Jahr.

Bemerkenswert war jedoch, dass die Nwankpas die Schule von ihrem Haus in Norwalk, Kalifornien, aus gründeten.

Seit über zwanzig Jahren leiten sie die Schule von Norwalk aus, wobei Vincent als Präsident und Geschäftsführer fungiert und Chinyere als Mitglied des Vorstands mit nur gelegentlichen Besuchen in Nigeria vertreten ist. Unter ihrer Leitung wuchs die Eternal Word Christian School in Nekede. Der Sitz der Schule ist im nigerianischen Bundesstaat Imo. Die Schule wuchs von anfangs 6 Schülern zu einer florierenden Schule mit 870 Schülern an. Die Schule baute eine weiterführende Schule, eine Bibliothek, eine Cafeteria, ein naturwissenschaftliches Labor, ein Wohnheim und was weiß ich noch alles.

Bei all dem wurden die Nwankpas von den engagierten Lehrkräften, der hervorragenden Verwaltung und der hervorragenden Schülerschaft der Eternal Word Christian School unterstützt. Dennoch gründeten Vincent und Chinyere die Schule in ihrem Wohnzimmer in Norwalk. Hört sich das für Dich einfach an? Und sie leiten sie von dort aus. Das ist das Erstaunlichste, was jemand, den ich persönlich kenne, je getan hat, und ich bin wirklich überrascht.

Es ist so erstaunlich, dass es offensichtlich eine Sache Gottes war – Menschen können das nicht, nur Gott kann das. Vincent und Chinyere zeigen, was passiert, wenn zwei Menschen, die sich auf Gott verlassen, ihren Glauben stärken.

Meine Freundschaft mit den Nwankpas begann 1986 bei einem Missionsgebetstreffen in La Mirada, Kalifornien, wo ich Vincent traf. Ich hatte das Glück, dabei zu sein, als die Schule vor zweiundzwanzig Jahren gegründet wurde. Einige Jahre lang war ich sogar ihr Pastor. Ich kenne diese Leute, und bitte glaube mir, wenn ich Dir sage, dass sie echt sind. In Bezug auf das Geben, den Glauben, die Liebe und die Freude, die sich einstellt, wenn man sich Gottes Willen unterwirft und Großes für sein Reich tut, sind das zwei Menschen, die sich ihrer Worte bewusst sind.

Ich habe dieses Buch sehr sorgfältig gelesen und es war ein großer Segen für mich. Dieses Buch ist voller Bibelstellen, die viel aussagen, und Erklärungen, die ermutigen. Außerdem findest Du darin praktische Vorschläge. Sie zeigen Dir, wie Du die Prinzipien des Gebens, wie sie in der Bibel stehen, auch in Deinem eigenen Leben anwenden kannst. Aber was mir an diesem starken kleinen Buch am meisten gefällt, ist, dass Vincent und Chinyere das, was es über das Geben lehrt, in ihrem eigenen Leben leben, und dass sie so ein Vorbild für mich sind. Die Bibel lehrt vieles, und die persönlichen Erfahrungen der Nwankpas fließen ebenfalls in das Buch ein. Wir alle können etwas von dem lernen, was sie zu teilen haben.

Ich freue mich sehr, Dir dieses tolle Paar vorzustellen. Ich hoffe, dass ihre Erkenntnisse und Erfahrungen Deinen Weg mit Gott bereichern. Meinen haben sie auf jeden Fall bereichert.

Jack Littlefield 2. Februar 2021

VORWORT

Die Idee zu diesem Buch entstand aus meiner Abschlussarbeit. Die schrieb ich 1983 während meiner Seminarzeit. Das war am ECWA Theological Seminary in Igbaja, Kwara State, Nigeria. Der Titel der Abschlussarbeit war: *The Principles of Christian Giving*. Ich habe mich für dieses Thema entschieden, weil ich selbst fest davon überzeugt bin, dass es wichtig ist, für Gottes Werk und für Menschen zu spenden, und zwar unabhängig davon, wie hoch oder niedrig der gespendete Betrag auch ausfällt. Ich kann es nicht ertragen, Menschen in Not zu sehen, ohne ihnen zu helfen. Ich liebe es zu geben! Egal, wie die Umstände sind – ich hasse es, Menschen abzulehnen. Ich musste jedoch vorsichtig sein, denn es könnte sich als Schwäche auswirken, wenn ich nicht Nein sage.

Vor allem zwei Bibelstellen waren die Grundlage für mein Geben. Die erste Geschichte, die Jesus erzählt, handelt davon, wie man gibt und bekommt. Sie werden Dir ein gutes Maß in den Schoß schütten – niedergedrückt, zusammengeschüttelt und überfließend. Denn mit dem Maß, mit dem ihr messt, wird auch euch gemessen werden" (Lukas 6,38). Ich wurde ermutigt, zu geben, als ich daran erinnert wurde, dass ich nur ein Verwalter dessen bin, womit der Herr mich gesegnet hat. Wenn ich anderen etwas gab, dann war es Gott, der mir etwas zurückgeben würde. Ich rechne nicht damit, dass ich von der Person, der ich etwas zukommen lasse, etwas erhalte, weil diese Person vielleicht über nichts verfügt, was sie mir als Gegengabe überreichen könnte, also lasse ich einfach los. Im zweiten Abschnitt zitiert Paulus die Worte Jesu im Zusammenhang mit dem Geben: „In allem habe ich euch gezeigt, dass ihr durch harte Arbeit den Schwachen helfen müsst und an die Worte des Herrn Jesus denken sollt, dass er selbst gesagt hat: ‚Geben ist seliger denn Nehmen.'" (Apostelgeschichte 20,35). Ich habe immer darauf geachtet, dass ich gebe, anstatt zu nehmen. Dieser Gedanke hat mein ganzes Leben lang eine wichtige Rolle gespielt.

Die Entdeckung, wie Gottes Wort auf unser Leben anwendbar ist, wurde durch eine Studie über das Geben ermöglicht. Er stellte die Forderung, dass wir uns so verhalten sollten, wie es uns in der Heiligen Schrift geboten wurde. Lasst uns lernen, fröhlich zu geben, denn „Gott liebt einen fröhlichen Geber" (2. Korinther 9,7). Geben macht einen ewigen Unterschied. Wenn Du gibst, dann gibst Du so, wie Jesus gegeben hat. Denn Jesus kam, um zu geben und nicht, um zu empfangen.
Ich hoffe, dass dieses Buch Dich dazu bringt, darüber nachzudenken, was Gott in seinem Wort zum Thema Geben gesagt hat. Und ich hoffe, dass es Dein Herz dazu bewegt, fröhlich zu geben. Denn nur so hat das, was Du für Gottes Werk und für Menschen in Not gibst, eine Wirkung für die Ewigkeit.

DANKSAGUNGEN

Der Autor sagt danke an alle, die ihm geholfen haben, dieses Buch zu schreiben. Sie haben ihm geholfen, indem sie mit ihm gesprochen und für ihn gebetet haben. Dieses Buch ist das Ergebnis der gemeinsamen Arbeit von ihm und seiner Frau Chinyere Nwankpa. Er ist ihr dankbar, dass sie es mit herausgegeben hat. Vielen Dank an Chinyere für ihre Geduld und ihre ehrliche Kritik.

Ebenso dankt er seinem Sohn Chidinma Paul Nwankpa und seiner Tochter Chioma Favour Vin-Nwankpa für ihre Geduld während der Schreibphase. Ein besonderer Dank gilt seinem langjährigen Freund Jack Littlefield, der seit vierunddreißig Jahren sein Freund ist und als ehemaliger Pastor und aktuelles Vorstandsmitglied von Eternal Word Communication Ministries bei der Herausgabe dieses Buches mitgewirkt hat.

Die Rolle, die Dr. Mick Boersma beim Schreiben eines der Blogs dieses Buches, „Die Freude des treuen und fröhlichen Gebens: Wunderbare Prinzipien, die man sich zu eigen machen sollte", spielt, ist mir eine Ehre. Möge Gott Dich wirklich gut segnen.

Dem allmächtigen Gott wird von ihm große Dankbarkeit dafür entgegengebracht, dass ihm die Gelegenheit gegeben wurde, dieses Buch während dieser Pandemiezeit zu schreiben. Diese schwere Zeit war gut, denn so hatte er Zeit, dieses Buch über das Geben zu schreiben. Und er hat noch ein Buch über Ehe und Polygamie geschrieben. Der Herr ist seine Stärke und sein Beistand.

EINFÜHRUNG

Bevor wir uns mit dem christlichen Geben beschäftigen, ist es wichtig, einige Fakten über Geld zu beachten. Unser Selbstwert hängt nicht davon ab, ob wir viel oder wenig Geld haben. „Reiche und Arme haben eines gemeinsam: Der Herr ist ihr Schöpfer" (Sprüche 22:2 NIV, siehe auch Deuteronomium 8:16–18). Die Bibel lehrt uns, dass wir durch Gottes Werk in Christus Jesus dazu bestimmt sind, gute Werke zu tun, die Gott zuvor für uns bereitet hat (Epheser 2,10 NIV). Geld ist keine Belohnung für ein gottgefälliges Leben. Wenn Jesus wiederkommt, werden wir belohnt. Unsere Arbeit wird dann als das erkannt werden, was sie ist. Denn der Tag wird sie ans Licht bringen. Die Qualität der Arbeit eines jeden Menschen wird durch das Feuer evident werden. Wenn das, was er gebaut hat, überlebt, wird er seinen Lohn erhalten. Wenn es verbrannt wird, wird er Schaden erleiden; er selbst wird gerettet werden, aber nur wie jemand, der durch die Flammen entkommt" (1 Kor 3,13–15 NIV).

Ein weiterer Grundsatz, der im Auge behalten werden sollte, ist, dass Zufriedenheit nicht durch Geld garantiert werden kann. Zufriedenheit hängt nicht von unseren Lebensumständen oder materiellem Reichtum ab, wie uns Paulus erklärt. Er sagt: „Ich sage das nicht, weil ich bedürftig bin, denn ich habe gelernt, in jeder Lage zufrieden zu sein. Ich weiß, was es heißt, bedürftig zu sein, und ich weiß, was es heißt, Überfluss zu haben." Ich weiß, was es heißt, in Not zu sein, und ich weiß, was es heißt, im Überfluss zu leben. Ich habe gelernt, in jeder Situation zufrieden zu sein. Das gilt, ob ich satt bin oder hungrig. Es gilt auch, ob ich im Überfluss lebe oder im Mangel. Ich kann alles tun durch den, der mir Kraft gibt" (Philipper 4,11–13 NIV). Gottes Richtlinien für Erfolg im Leben und wahren Wohlstand haben nichts damit zu tun, wie viel Geld Du verdienst. Schon vor über dreitausend Jahren wies er Josua an: „Lass dieses Buch des Gesetzes nicht von Deinem Mund weichen, sondern denke Tag und Nacht darüber nach, damit Du darauf achtest, alles zu tun, was darin geschrieben steht. Dann wird es Dir gut gehen, und Du wirst erfolgreich sein" (Josua 1,8 NIV).

Heute gibt es unter den Christen viele, die sich durch christliches Engagement auszeichnen. Sie haben gelernt, ihr Leben Gott oder Jesus Christus zu überlassen. Das Überwinden persönlicher Schwächen, Praktiken und Gewohnheiten, die unchristlich sind, ist etwas, das sie gelernt haben. Sie halten ihre Verpflichtung aufrecht, regelmäßig in die Kirche zu gehen. Sie haben gelernt, wie sie in ihren Gemeinden verantwortungsvoll dienen können. Sie vernachlässigen weder ihre Andacht noch ihr privates oder Familiengebet.

Doch die meisten Christen haben nicht gelernt, wie man gibt – egal, ob es darum geht, Geld, Zeit oder Talente für das Werk des Herrn zu spenden. Für alles, was christlich ist, ist das Geben aus der Bibel entscheidend. Das gilt für Projekte, Organisationen, Unternehmen, Gesellschaften und Kirchen. Nur so können sie bestehen. Eines der größten Probleme, mit denen unsere Kirchen und christlichen Organisationen heute konfrontiert sind, sind die Finanzen. Einige Christen geben Geld für die Arbeit des Herrn, weil sie das Gefühl haben, dass sie es tun müssen. Andere, die bereitwillig geben, tun es nicht freudig. Biblische Praktiken des angemessenen und aufopferungsvollen Gebens sind selten. Ein Grund dafür ist das Fehlen einer fundierten biblischen Lehre darüber, warum und wie Christen geben sollten. Einige Christen leiden unter Armut, andere haben Überfluss. Aber sie verschwenden ihren Reichtum nur für sich selbst und kümmern sich nicht um die leidenden Massen.

Das Thema christliche Freigiebigkeit ist mir ein persönliches Anliegen, denn ich hege eine Vorliebe für großzügige, selbstlose, heitere und leidenschaftliche Zuwendungen, wann immer es mir möglich ist. Es sollte mehr Menschen gelehrt werden, ebenfalls zu geben. Geben ist ein Segen, besonders wenn Du denen gibst, die Dir nichts zurückgeben können. Gott, der Allmächtige, wird Dich dafür belohnen, dass Du andere mit Deinen Mitteln gesegnet hast, und er wird Dich für Deine Großzügigkeit und Nächstenliebe reichlich entlohnen. Zu den größten Segnungen in meinem Leben zählt das „Eternal Word Communication Ministries", das meine Frau und ich vor sechsundzwanzig Jahren gegründet haben. Doch dieser Dienst hätte nie entstehen können, wenn nicht treue Christen das, was die Bibel über das Geben lehrt, in die Tat umgesetzt hätten – sowohl finanziell als auch auf andere Weise. Wenn Gottes Volk biblisches Geben praktiziert, können große Dinge geschehen!

Das Geben ist ein weiterer wichtiger Grundsatz, denn es ist ein Beweis für Liebe. „Wenn jemand materiellen Besitz hat und seinen Bruder in Not sieht und kein Mitleid mit ihm hat, wie kann dann die Liebe Gottes in ihm sein?" (1. Johannes 3,17). Das Spenden an andere entspringt einem Herzen voller Liebe, und die Bibel gibt, aufbauend auf dieser Tatsache, eindeutige Regeln für geistgeleitetes Spenden. Ein Pastor hat es vor langer Zeit einmal so formuliert:
„Spenden in der Kirche können ein Ärgernis oder eine Inspiration sein. Wenn sie aus einem äußeren Zwang heraus geschehen, sind sie meist ein Ärgernis. Wenn es jedoch von innen kommt und Ausdruck eines christlichen Motivs ist, dann ist es in der Regel eine Inspiration und eine Freude."[1]

Dieses Buch soll das Volk Gottes daran erinnern, dass es mit dem Blut Jesu Christi erkauft wurde. Es liegt in der Verantwortung des Volkes Gottes, auf Gottes Gabe zu antworten. Das geschieht, indem es nach Gottes Grundsätzen handelt. Diese Grundsätze sind in der Heiligen Schrift festgelegt. „Ihr seid um einen Preis erkauft worden; macht euch nicht zu Sklaven der Menschen" (1. Korinther 7,23; siehe auch 6,19–20). Christus hat sein Leben für Dich gegeben. Du kannst auf die gleiche Weise geben. So hilfst Du anderen.

Die Konzepte des Alten und Neuen Testaments zum christlichen Geben wurden als Grundlage für dieses Buch verwendet. Da den

---

1. Albert. W. Beaven, *Putting the Church on a Full Time Basis* (New York: Doubleday, Doran and Company, Inc. 1928), S. 143.

meisten Christen heute die richtige Vorstellung vom Geben fehlt, habe ich vor, dieses Werk in fünf Hauptabschnitte zu unterteilen: Die alttestamentlichen Lehren über das Geben (Zehnten); die Motive und Ziele des christlichen Gebens; die Prinzipien und Methoden des christlichen Gebens; die Hindernisse des christlichen Gebens; und schließlich die Lösungen für den Mangel an christlichem Geben.

KAPITEL 1

Alttestamentliche Grundsätze des Gebens

In der Heiligen Schrift werden zwei Arten des Gebens gelehrt: das obligatorische Geben an die Regierung und das freiwillige Geben an Gott.

Der Zehnte wurde in Israel dazu verwendet, den Staatshaushalt zu finanzieren, und nicht in erster Linie, um Gaben an Gott zu finanzieren. Das hebräische Wort für „Zehnte" bedeutet wörtlich „ein Zehntel" oder „10 Prozent": „Du sollst jedes Jahr den zehnten Teil von allem, was Dein Feld hergibt, beiseite legen" (Deuteronomium 14,22). Da Israel eine theokratische Gesellschaft war, waren die levitischen Priester für das Einsammeln des Zehnten verantwortlich. In Deuteronomium 26:12 heißt es: „Wenn Du im dritten Jahr, dem Jahr des Zehnten, den Zehnten von all Deinen Erträgen beiseitegelegt hast, sollst Du ihn dem Leviten, dem Fremdling, dem Waisen und der Witwe geben, damit sie in Deinen Städten essen und satt werden."

Die Menschen in Israel zahlten jedoch nicht nur 10 Prozent. Zusätzlich zu diesem Zehnten zahlten sie weitere kleinere Steuern, die ihnen per Gesetz auferlegt wurden und die sich im Durchschnitt auf etwa 23 Prozent pro Jahr beliefen. Das gesamte Geld wurde für die Verwaltung des Staates verwendet; jede Abgabe, die nicht dafür benötigt wurde, war jedoch freiwillig (2. Mose 25,2; 1. Chronik 29,6–9).

Der Zehnte vor dem Gesetz

Dann brachte Melchisedek Brot und Wein heraus. Er war König von Salem. Er fungierte als Priester des Höchsten Gottes und sprach über Abram: „Gesegnet sei Abram von Gott, dem Höchsten, dem Schöpfer des Himmels und der Erde." Und gepriesen sei Gott, der Höchste, der Deine Feinde in Deine Hand gegeben hat." Da gab Abram ihm den Zehnten von allem (1. Mose 14,18–20).

Nachdem Abram Kedorlaomer in einer Schlacht besiegt und seinen Neffen Lot zurückgebracht hatte, gab er Melchisedek, dem Priester Gottes, den Zehnten von dem, was er in der Schlacht gewonnen hatte. Zu diesem Zehnten gehörten nicht nur Geld und andere Besitztümer, sondern auch Diener (1. Mose 14,14–16). Im alttestamentlichen Gesetz des Mose wurde das Zehntengeben vorgeschrieben, und Abram Melchisedek brachte diesen Zehnten dar, bevor dies geschah. Abraham, wie Abram später bekannt wurde, gab diesen Zehnten freiwillig als Dank für das, was Gott für ihn getan hatte.

Die Bibel bringt die Person Abraham nicht als einzige vor dem Gesetz Mose mit dem Zehnten in Verbindung.

> So legte auch Jakob ein Gelübde ab: „Wenn Gott mit mir ist und mich auf meiner Reise beschützt und mir zu essen und Kleidung gibt, damit ich sicher in das Haus meines Vaters zurückkehre, dann wird der Herr mein Gott sein und dieser Stein, den ich als Pfeiler aufgestellt habe, wird Gottes Haus sein. Von allem, was Du mir gibst, will ich Dir den Zehnten geben."
> (2. Mose 28,20–22)

Jakob gelobte, Gott zehn Prozent seiner Einkünfte zu geben, wenn Gott ihn auf seiner Reise segnen würde. Nirgendwo im Text steht, dass Gott Jakob den Zehnten befohlen hat. Jakob gab Gott seinen Zehnten freiwillig. Die Fälle von Abraham und Jakob sind die einzigen Beispiele für den Zehnten im Alten Testament, bevor das Gesetz erlassen wurde. Brian Anderson hat Folgendes beobachtet:

> „Beides waren Beispiele für freiwilliges Geben und keines wurde von Gott verlangt."

In keinem der beiden Patriarchen sehen wir ein Beispiel für das Zehntengeben. Dieses wird nicht als allgemeine Lebenspraxis dargestellt. In Abrahams Leben scheint es sogar so gewesen zu sein, dass der Zehnte von der Beute eines militärischen Sieges nur einmalig an Gottes Priester gegeben wurde.[2]

Der Zehnte im mosaischen Gesetz

Das Alte Testament enthält zahlreiche Passagen, die sich mit dem mosaischen Gesetz und dem Zehnten beschäftigen. Die Verse handeln von der Herde, dem Ertrag des Landes, dem Samen des Landes und der Frucht des Baumes. Das jüdische Volk wurde dazu aufgefordert, einen Teil all dieser Produkte dem Herrn zu weihen.

Der Zehnte von allem, was auf dem Land wächst – sei es Getreide oder Früchte – gehört dem Herrn und ist ihm heilig. Löst ein Mann etwas von seinem Zehnten ein, muss er ein Fünftel des Wertes dazugeben. Der gesamte Zehnte der Herde und des Viehs – jedes zehnte Tier, das unter der Rute des Hirten durchläuft – ist dem Herrn heilig. Das Gute darf nicht vom Schlechten ausgesucht oder ein Austausch vorgenommen werden. Wenn er einen Austausch vornimmt, werden sowohl das Tier als auch sein Ersatz heilig und können nicht zurückgenommen werden (Levitikus 27:30–33).

In diesen Abschnitten geht es nicht um Geld, sondern um den Zehnten, der von den Menschen jedes Jahr nach der Ernte abgegeben werden sollte. Das Prinzip, den Herrn „mit Deinem Reichtum, mit den Erstlingsfrüchten all deiner Ernte" zu ehren, sehen wir schon in Levitikus 27 (Sprüche 3,9). Die Menschen wurden aufgefordert, Gott das Beste und Wertvollste zu geben und nicht die Reste oder etwas Minderwertiges. Es sollte daran erinnert werden, dass Gott seinen eingeborenen Sohn als Opfer für unsere Sünden gegeben hat. Daher erwarten wir von allen, dass sie Gott das Beste geben.

Es gab einen ersten Zehnten. Der wurde an die Leviten gegeben. Damit sollte er die anderen unterstützen. Es gab auch einen zweiten Zehnten. Der finanzierte die religiösen Feste. Ein Teil des Zehnten durfte verkauft und das Geld nach Jerusalem gebracht werden, um dort Waren für das

Fest zu kaufen (Deuteronomium 14:22-29, Numeri 18:21, Nehemia 12:44, Maleachi 3:8-12). Einen Teil des Zehnten ließen sie für die Armen, die Witwen und die Waisen übrig.

Hier sind einige wichtige Punkte, die Du beim Zehnten beachten solltest:

Der Zehnte sind die ersten 10 Prozent.

„Du sollst jedes Jahr den Zehnten von allem, was Deine Felder hervorbringen, zur Seite legen" (Deuteronomium 14:22). Die Kinder Israels wurden aufgefordert, zehn Prozent der Erträge der Erde und des Zuwachses ihrer Rinder und Schafe Gott zu geben (Levitikus 27:30–34). In der Regel stammten die 10 Prozent aus dem Bruttoertrag, bevor andere Ausgaben getätigt wurden. Sie stammten nicht von den Überresten! Später gaben die Priester Gott ihre Überreste. Gott war nicht zufrieden mit ihnen. Er sagte zu ihnen: „Ein Sohn ehrt seinen Vater und ein Knecht seinen Herrn. Wenn ich ein Vater bin, wo ist dann die Ehre, die mir gebührt?", sagt der Herr, der Allmächtige. „Ihr Priester seid es, die meinen Namen verachten" (Maleachi 1,6).

Der Pushpay-Blog erklärt dies in einem Kommentar zum Zehnten weiter:

> Israel hat das anders gemacht als wir. Wir werfen oft gedankenlos ein Trinkgeld mit unserer Rechnung in einem Restaurant hinunter. Gott nutzte eine bewusste Praxis, um Israel zu zeigen, dass er der Eigentümer von allem ist. Statt ihre Segnungen konsumiert zu werden, mussten sie innegehalten und darüber nachgedacht werden, wie viel Segen empfangen wurde.[3]

Auch die Haltung des Gebers wurde von Jesus angesprochen, wenn er den Zehnten gibt. Val Boyle schrieb: „Jesus tadelte die Schriftgelehrten und Pharisäer, die dem Gesetz unterworfen waren und ohnehin zum Zehnten verpflichtet waren. Das Problem, das Jesus ansprach, waren nicht ihre Zehnten, sondern ihre Vernachlässigung von Gerechtigkeit, Barmherzigkeit und Treue gegenüber anderen"[4] in Matthäus 23,23.

Viele Gläubige stellen die Frage, ob Christen, die heute unter der Gnade stehen, verpflichtet sind, den Zehnten zu geben, wie es im Alten Testament für Israel festgelegt wurde. Es gibt jedoch keine Stelle in der Heiligen Schrift, die vorschreibt, dass Christen den Zehnten geben müssen, wie es das jüdische Volk tat.

Die Grundlage für Spenden von Christen ist das Neue Testament, worauf wir später in diesem Buch noch genauer eingehen werden. Wenn wir die neutestamentliche Lehre über das Geben richtig verstehen, ist es gut, mehr als zehn Prozent unseres Einkommens zu geben.

Der Zehnte gehört Gott.

„Der Zehnte von allem, was auf dem Lande wächst, ob Korn vom Acker oder Frucht von den Bäumen, gehört dem Herrn; es ist dem Herrn heilig" (Levitikus 27,30). Wenn wir Geld an die Kirche oder eine andere christliche Einrichtung spenden, sollten wir bedenken, dass wir es Gott geben und nicht dem Pastor oder den Leitern der Organisation. Wenn wir nicht so geben, wie wir sollten, berauben wir Gott (Maleachi 3,8; siehe auch Matthäus 22,21). So war es auch im alten Israel. Chris Cree schrieb:

> Gott führte den Zehnten offiziell im Gesetz des Alten Bundes von Mose ein. Der Zehnte sollte den Priestern geopfert und für deren Unterhalt verwendet werden. Wie bei den meisten Teilen des Gesetzes war es dem Volk Gottes nicht sehr gut möglich, den Zehnten einzuhalten.[5]

Der Zehnte soll aus Glauben gegeben werden.

„Ich will verhindern, dass Ungeziefer eure Ernte frisst, und die Reben auf euren Feldern sollen ihre Frucht nicht abwerfen", spricht der Herr, der Allmächtige (Maleachi 3,11). Wenn wir im Glauben den Zehnten geben, verspricht unser Herr, den Fresser zurechtzuweisen. Das bedeutet, dass Gott uns vor Problemen und Krankheiten schützen wird, damit wir uns nicht mit diesen Herausforderungen auseinandersetzen müssen. Die Gläubigen sollen im Glauben den Zehnten geben, dann wird Gott die Fenster des Himmels über ihrem Leben öffnen. „Ohne Glauben ist es unmöglich, ihm zu gefallen" (Hebräer 11,6). Kenneth Copeland erklärt, wie man den Zehnten im Glauben geben kann: „Wenn Du nicht im Glauben den Zehnten gibst, liegen Deine Prioritäten an der falschen Stelle. Deine Prioritäten liegen im natürlichen Bereich und nicht im geistlichen Bereich. Und was im geistlichen Bereich liegt, wird Dich aus der Not herausführen und Dich reichlich segnen."[6]

10 Prozent des Zehnten schützen die anderen 90 Prozent.

„Ich will den Fresser zurechtweisen um euretwillen, und er soll die Früchte eures Bodens nicht verderben" (Maleachi 3:11 NASB). In einem weiteren Kommentar zu dieser Passage ermutigt Kenneth Copeland die Geber wie folgt:

> „Gib Gott, was ihm gehört, und er wird beschützen, was Dir gehört. Wenn Du Gott mit den zehn Prozent ehrst, die ihm gehören, wird er sich auch um den Rest kümmern. Die anderen 90 Prozent werden weitergehen als je zuvor, weil Du die übernatürliche Kraft Gottes mit Deinen Finanzen hast."[7]

Gott sagte: „Beweise mich" beim Zehntengeben.

Gott will uns reichlich segnen, wenn wir seinen Geboten gehorchen. Er möchte, dass wir ihn auf die Probe stellen. Dazu sollen wir den Zehnten und die Opfergaben geben. Wenn wir das tun, wird er uns auf eine Weise segnen. Das wird uns überwältigen. „Bringt den ganzen Zehnten in das Vorratshaus, damit in meinem Haus Nahrung vorhanden ist. Prüft mich darin", spricht der Herr, der Allmächtige, „und seht, ob ich nicht die Schleusen des Himmels öffne und so viel Segen ausschütte, dass ihr nicht genug Platz dafür habt" (Maleachi 3,10). Jerry Savelle sagt: „Wenn Du nicht säst, hast Du keinen Anspruch auf die Ernte."[8]

Der Zehnte ist zu unserem Vorteil.

Die folgende Passage steht im Kontext der Freude, die die Menschen im Alten Testament empfinden, wenn sie geben: „Dann ... sollst Du Dich freuen über all das Gute, das der Herr, Dein Gott, Dir und Deinem Haus gegeben hat" (Deuteronomium 26,11). Wenn wir den Zehnten geben, säen wir eine Saat und werden später die Ernte dieser Saat ernten. Deshalb sagt die Heilige Schrift: „Ehre den Herrn mit Deinem Reichtum, mit den ersten Früchten deiner Ernte; dann werden Deine

Scheunen übervoll sein und Deine Fässer mit neuem Wein überfließen" (Sprüche 3, 9–10). Copeland bestätigt, dass wir, wenn wir geben, selbst Segen empfangen: „Gott investiert es wieder in unseren Nutzen. Der Zehnte schützt die Ernte. Du kannst nicht säen, wenn Du nicht den Zehnten gibst – der Zehnte kommt zuerst. Der Nutzen übersteigt alles, was Du Dir jemals vorstellen kannst."[9]

Der Zehnte war unser Bund mit Gott im Alten Testament.
Sie haben meinen Bund gebrochen, den ich ihnen befohlen habe, einzuhalten. Sie haben sich der sakralen Gegenstände bemächtigt, sie entwendet, sie haben Unwahrheiten gesagt und sie für sich beansprucht. Deshalb können die Israeliten nicht gegen ihre Feinde bestehen. (Josua 7:11–12)

Im Alten Testament führte die Weigerung, den Zehnten zu geben, dazu, dass jemand vom Segensbund ausgeschlossen wurde. Im Alten Testament gab es einen Segen für die, die den Zehnten gaben. Gott schützte sie vor Zerstörung oder Unheil. Den Gläubigen im Neuen Testament wurde jedoch nie befohlen, den Zehnten zu geben. In Korinther 9,6-7 werden wir hinsichtlich unseres Gebens an Gott und sein Werk in diesem neutestamentlichen Bund angeleitet: „Dies aber sage ich: Wer sparsam sät, wird auch sparsam ernten, und wer reichlich sät, wird auch reichlich ernten. Jeder soll geben, wie er es sich in seinem Herzen vorgenommen hat, nicht widerwillig oder aus Not; denn Gott liebt den fröhlichen Geber."

Wenn Du den Zehnten nicht zahlst, dann wird Gott Dich nicht segnen. Die Israeliten verletzten ihre Bundesbeziehung zu Gott. Sie gaben nicht den Zehnten. Dabei hatte Gott es befohlen. Gott hat sie dafür ausdrücklich getadelt.

„Seit den Tagen eurer Väter habt ihr euch von meinen Geboten abgewandt und sie nicht gehalten. Kehrt zu mir zurück, und ich werde mich zu euch bekehren, spricht der Herr der Heerscharen. Aber ihr sagt: „Wie sollen wir umkehren?"[8]
Will der Mensch Gott berauben? Doch ihr beraubt mich. Ihr sagt: „Wie haben wir Dich beraubt?" In euren Zehnten und

Beiträgen[9], denn ihr seid mit einem Fluch belegt, weil ihr mich und das ganze Volk beraubt, und den vollen Zehnten müsst ihr in das Vorratshaus bringen, damit in meinem Haus Nahrung vorhanden ist. Prüft mich, spricht der Herr der Heerscharen, ob ich nicht die Fenster des Himmels für euch öffne und Segen über euch ausschütte, bis es nicht mehr nötig ist. (Maleachi 3:7–10)

Wenn wir uns weigern, Gott zu geben, werden auch unsere Segnungen behindert. Der Zehnte ist sowohl im Alten Testament als auch im Neuen Testament erwähnt, obwohl er eine alttestamentliche Bundesvorschrift war. Jesus korrigierte die religiösen Führer seiner Zeit und rief ihnen zu: „Wehe euch, ihr Gesetzeslehrer und Pharisäer, ihr Heuchler! Ihr gebt den Zehnten von euren Gewürzen – Minze, Dill und Kümmel –, Aber ihr habt die wichtigeren Dinge des Gesetzes vernachlässigt – Gerechtigkeit, Barmherzigkeit und Treue. Die letzteren hättet ihr üben sollen, ohne die ersteren zu vernachlässigen" (Mt 23,23; vgl. Lk 11,42). In einem seiner Gleichnisse betete ein Pharisäer im Tempel: „Ich faste zweimal in der Woche und zahle den Zehnten von allem, was ich bekomme" (Lukas 18,12).

Viele Gründe sorgen dafür, dass nicht alle Einzelheiten des alttestamentlichen Gesetzes für die Gläubigen von heute verbindlich sind. So zeigt beispielsweise Hebräer 7,1-10, dass das Priestertum Jesu Christi das alttestamentliche levitische Priestertum übertroffen hat. Hebräer 9,6–26 und 10,1–18 lehren uns, dass das Opfer Jesu alle alttestamentlichen Opfer übertrifft und ersetzt. Der Neue Bund, den Jesus gebracht hat, hat den Alten Bund überflüssig und veraltet gemacht und wird bald verschwinden (Hebräer 10,13).

Im Alten Testament wird der Zehnte gefordert, im Neuen Testament aber nicht vorgeschrieben. Stattdessen werden die Gläubigen ermahnt, dem Beispiel Christi beim Geben zu folgen. Anderson schreibt: „Die Heilige Schrift lehrt nicht, dass der Zehnte für neutestamentliche Gläubige obligatorisch ist. Sie lehrt jedoch, dass Christen großzügig, aufopferungsvoll, erwartungsvoll und fröhlich geben sollen!"[10]
Val Boyles' Kommentare zum Zehnten sind hier beachtenswert:

Es ist wichtig, noch einmal zu betonen, dass das Neue Testament zwar ausführlich lehrt, dass Christen für das Werk Gottes spenden sollen. Es gibt jedoch keine Bibelstellen, die das Zahlen des Zehnten lehren. Die Lehren besagen, dass Christen Gott gehören und alles, was sie besitzen, als Treuhandvermögen für ihn betrachten sollten. Sie geben, um denen zu helfen, die in Not sind, und um das Reich Gottes zu fördern. Sie sind nur verpflichtet, nach ihren Möglichkeiten und von dem, was sie haben, gegeben zu werden, und der Betrag, der von ihnen gegeben wird, ist nicht so wichtig wie ihre Bereitschaft, gegeben zu werden. Das Geben wird als Beweis für ihre Liebe gesehen.[11]

Fazit

Der allmächtige Gott befahl den Israeliten, ihm den Zehnten, also zehn Prozent, zu geben. Das war eine Art, wie sie auf die vielen Segnungen reagieren sollten, die er ihnen gegeben hatte. Dieser Zehnte war der Startpunkt. Zählt man alle Zehnten zusammen, die sie geben sollten, ergibt sich ein Durchschnittswert von 23 Prozent pro Jahr. Die Segnungen folgten auf ihren Gehorsam gegenüber Gottes Gebot. Missachteten sie das Gebot und gaben den Zehnten nicht ab, ließ Gott zu, dass der Fresser ihr Geld, ihre Erzeugnisse usw. verschlang (Maleachi 3:8–11).

Das Geben an Gott ist immer freiwillig, im Gegensatz zum Geben an den Staat in Form von Steuern, das obligatorisch ist. Wenn wir geben, geben wir Gott etwas von dem zurück, womit er uns gesegnet hat. Wir sollten bereitwillig und im Glauben geben, denn wir glauben, dass Gott uns für unser freudiges Geben belohnen wird.

Heute können Christen damit beginnen, 10 Prozent zu geben. Das neutestamentliche Konzept des Gebens konzentriert sich jedoch mehr auf unsere Haltung beim Geben als auf die Höhe des Betrags. Wir sollen fröhlich, aus freien Stücken, großzügig, aufopferungsvoll und zielgerichtet geben – entsprechend dem, wie Gott uns gesegnet hat. Wir sollen niemals zähneknirschend oder aus der Not heraus geben. Diese Grundsätze des neutestamentlichen Gebens werden wir uns in den nächsten Kapiteln genauer ansehen.

Referenz für Kapitel 1

2. Brian Anderson, Old Testament Tithing Vs. New
3. https://pushpay.com/blog/20-bible-verses-about.tithing/
4. Val Boyle https://bible-truths-revealed.com/adv15.html
5. Chris Cree, "2 Ways God Promises to Benefit You for Tithing" https://newcreeations.org/god-promises-benefits-tithing/?https:// blog. kcm.org/tithing-101-the-10-bible-truths-you-need-to-know/? gclid=EAlalQobChMl2rfVfmJ7AlV7Vrx6tBh38ogx7EAMYASAEgL72vD_ BwE
6. Kenneth Copeland, Tithing 101: The Top 10 Bible Truths You Need to Know, https://blog.kcm.org/tithing-101-the-top-10-bible-truths-you-need-to-know/?
7. http:www.jerrysavelle.org
8. Kenneth Copeland, Tithing 101: The Top 10 Bible Truths You Need to Know,
9. https://blog.kcm.org/tithing-101-the-top-10-bible-truths-you-need-to-know/?
10. Brian Anderson, https://www.thebridgeonline.net/author/brian/
11. https://bible-truths-revealed.com/adv15.html

KAPITEL 2

Die Motive und Ziele des christlichen Gebens

Die richtige Motivation und Absicht sind entscheidend dafür, dass ein Christ großzügig und aufopferungsvoll geben kann. Da alles, was wir haben, von Gott kommt, müssen wir den Empfang anerkennen. Gläubige sollten sich dessen bewusst sein, dass sie lediglich die Verwaltung dessen innehaben, was sie vermeintlich besitzen. John MacArthur hat es folgendermaßen erklärt:

> Das Erste, was wir in dieser Reihe gelernt haben, ist, dass Gott unser Geld nicht braucht. Ihm gehört bereits alles. Er ist autonom und selbstgenügsam und braucht daher nichts, auch Dich nicht, denn er ist zufrieden mit sich selbst. Die Tatsache, dass er sich eine Beziehung zu Dir wünscht, ist schlicht eine Ausprägung seines Charakters, der Liebe und Gnade, zu Deinem Nutzen. Wir haben außerdem gelernt, dass alles, was Du für Dein Eigentum hältst, eigentlich Gottes Eigentum ist. Du bist ein Verwalter dessen, was Gott Dir anvertraut hat, solange Du auf der Erde bist. Wenn Du stirbst, kannst Du nichts davon mitnehmen. Als Verwalter wird die Verantwortung für das, was man hat, getragen und vor Gott wird Rechenschaft über den Umgang damit abgelegt.[12]

Gottes Eigentum an allen Besitztümern

David sagt: „Die Erde ist des Herrn und alles, was darauf ist, der Erdkreis und alle, die darauf wohnen" (Psalm 24,1). In einem der Psalmen von

Asaph sagt der Herr uns: „Jedes Tier des Waldes ist mein, das Vieh auf tausend Hügeln. Mir sind alle Vögel in den Bergen bekannt, ebenso alles, was sich auf den Feldern bewegt. Wenn ich hungrig wäre, würde ich es Dir nicht sagen, denn die Welt ist mein und alles, was sie enthält" (Psalm 50,10–12 NASB). Wir sind nur Verwalter und kümmern uns um alles, was Gott uns anvertraut hat. Die Dinge, die Gott uns anvertraut hat, sind unser Verantwortungsbereich. Die natürliche Art und Weise, wie wir unsere Dankbarkeit gegenüber Gott ausdrücken, ist das Geben.

Die Erkenntnis, dass es gesegneter ist zu geben als zu nehmen, sollte uns zum Geben motivieren. Es ist nicht gut, die Kirche als Geldbeschaffungsmaschine anzugreifen, wenn man selbst nicht bereit ist, ein Beispiel für freies, freiwilliges und großzügiges Geben zu geben.

Das Wesen Gottes und unsere Beziehung zu ihm sollten beeinflussen, wie wir geben. In Johannes 3:16 erfahren wir, dass „Gott die Welt so sehr liebt hat, dass er seinen einzigen Sohn hingab". Gott hat uns das perfekte Beispiel dafür gegeben, wie man Liebe in die Tat umsetzt. Er hat aus Liebe zu den Menschen gegeben; seine Liebe sollte uns dazu motivieren, es ihm gleichzutun. Da Gott Liebe ist, sollten wir seine Liebe nachahmen (1. Johannes 3:16–18, 4:10–11). Die Qualität unseres Gebens lässt sich also an den Motiven, aus denen heraus wir geben, und dem beabsichtigten Ergebnis messen. Es gibt jedoch richtige und falsche Motive des Gebens.

Richtige Motive für christliches Geben sind beispielsweise:
Es gibt viele gute Gründe, Gott etwas zu geben: Wir wollen ihn verherrlichen, wir gehören zu ihm, wir haben so viel von ihm erhalten, unsere Gabe ist ihm wichtig und vieles andere mehr. In diesem Abschnitt werden wir uns auf fünf Motive konzentrieren, die in der Heiligen Schrift besonders hervorgehoben werden, um so einen umfassenden Überblick über die Thematik zu erhalten.

Christus nachahmen
Jesus hat sich selbst gegeben, und ein hervorragendes Motiv für unser Geben ist es, Jesus nachzuahmen. Obwohl er Gott ist, wurde er Mensch, um uns zu erlösen. Es ist schwer zu begreifen, was Jesus

aufgegeben hat. In der Bibel steht: „Alle Dinge sind durch ihn und für ihn geschaffen worden" (Kolosser 1:16). Christus war reich, weil er alles geschaffen hat. „Aber er wurde arm um euretwillen, damit ihr durch seine Armut reich werdet" (2. Korinther 8,9). Er verhüllte seine Gottheit in Menschlichkeit; als er Mensch wurde, wurde seine göttliche Macht eingeschränkt. Er gab sich freiwillig hin (Johannes 10:15, 18), denn Liebe, Mitgefühl und Zuneigung zwangen ihn dazu (Philipper 2:5-11).

Der Zweck dieser Tat war die Bereicherung der Menschen. Die Menschen waren arm, verloren, kaputt und am Ende. Aber durch die Armut von Jesus können wir Vergebung, Erlösung, neues Leben, Heiligkeit und noch mehr bekommen. Wir können sogar „an der göttlichen Natur teilhaben" (2. Petrus 1,4). Christus hat so viel für uns getan. Daher sollten wir alles in unserer Macht Stehende tun. Wir sollten Ähnliches für unsere Nachbarn oder unsere Gemeinde tun.14
Die Liebe zu Christus sollte uns dazu bringen, ihn, sein Volk und sein Werk zu lieben. Wir sollten ihn so sehr lieben, dass wir unseren Besitz einsetzen. Wir sollten ihn einsetzen für den Dienst, zu dem er uns berufen hat.

Isaac Watts hat dieses große Werk Christi für die Menschheit in seinem Lied „When I Survey the Wondrous Cross" (Wenn ich das wundersame Kreuz betrachte) zum Ausdruck gebracht:
Seht, von seinem Haupt, seinen Händen, seinen Füßen
fließen Leid und Liebe vermischt herab.
Haben sich je solche Liebe und solches Leid getroffen,
oder Dornen eine so reiche Krone gebildet? Wäre das ganze Reich der Natur mein, das wäre ein viel zu kleines Geschenk; die Liebe, so erstaunlich, so göttlich, verlangt meine Seele, mein Leben, mein Alles."15

Brian Anderson, der über die Motivation unseres Gebens schrieb, brachte es auf den Punkt:

> „Als diejenigen, die an ihn glauben, haben wir große Reichtümer geerbt: Vergebung, Adoption, Rechtfertigung, den

innewohnenden Geist, Frieden mit Gott, Zugang zu Gott, Heiligung und ewige Herrlichkeit in der Zukunft!" Beachte, dass Christus nicht nur zehn Prozent seiner Ressourcen gegeben hat, um diese geistlichen Schätze für uns zu erlangen! Er hat nicht einmal fünfzig Prozent gegeben! Er gab 100 Prozent! Ein Jünger möchte natürlich so sein wie sein Meister. Deshalb sollten wir uns bemühen, unserem Herrn nachzueifern. Statt uns damit zufrieden zu geben, nur einen kleinen Teil unseres Einkommens zu geben, sollten wir beten, dass Gott uns die Fähigkeit gibt, immer mehr zu geben. So können wir verletzten Menschen helfen und das Reich Gottes auf der ganzen Welt ausweiten![16]

Um die Realität der eigenen Liebe zu beweisen

Der Beweis für die eigene Liebe wird oft im Geben ausgedrückt. Eine Person kann ihre Liebe zu Gott zeigen, indem sie ihm ihr Leben weiht. Eine andere Person kann ihre Liebe zu den Menschen zeigen, indem sie denen hilft, die Probleme haben (1. Johannes 3,17). Wenn wir die Kirche und all ihre Werke lieben, sollten wir für ihr Wohl geben. Wenn wir unsere Nächsten lieben, sollten wir unsere Zeit und unser Geld geben, um ihre Probleme zu lindern, denn nur so können wir ihnen wirklich helfen. Gottes Liebe zu den Menschen hat ihn dazu gebracht, seinen Sohn Jesus Christus zu geben (Johannes 3,16). Die Liebe Christi veranlasste ihn sogar dazu, sein Leben zu geben und am Kreuz zu sterben, um uns von unseren Sünden zu erlösen. Als Christus sagte: „Gebt dem Kaiser, was des Kaisers ist, und Gott, was Gottes ist" (Matthäus 22,21), zeigte er, dass das Geben an Gott ein ebenso wichtiger Beweis für die Liebe zu ihm ist wie das Zahlen von Steuern ein Beweis für die Loyalität gegenüber dem eigenen Staat oder Land.

Die mazedonischen Christen waren selbst in Bedrängnis und Armut geraten, haben sich aber trotzdem dazu aufgerafft, den leidenden Christen in Jerusalem zu helfen. Das haben sie aus Liebe getan (2. Korinther 8,1-4). Hattie Bell Allen hat das sehr treffend ausgedrückt:

> „Die Liebe zu Christus zwingt uns, alles zu geben. Wenn Du Dir vor Augen hältst, was Jesus für Dich getan hat, als er am

Kreuz starb, um Dich zu retten, möchtest Du dann nicht alles in deiner Macht stehende tun, damit alle Menschen auf der ganzen Welt ihn kennenlernen und gerettet werden, so wie Du es bist?[17]

Geben ist in mancher Hinsicht ein überzeugenderer Beweis für unsere Liebe als die Tiefe des Wissens, die Länge der Gebete oder die Bedeutung des Dienstes."[18] „Die Herrlichkeit des Gebens liegt in der Qualität der Liebe, und sie findet immer etwas, das sie weitergeben kann."[19]

Um die Bedürfnisse anderer zu erfüllen

Die Heilige Schrift ist voll von Ermutigungen, materiell zu geben und den Bedürftigen zu helfen. Im Alten Testament waren die Israeliten verpflichtet, während der Feste (Deuteronomium 16:1-12) und zu anderen Zeiten (Levitikus 19:9-10) einen Teil ihres Besitzes mit Waisen, Witwen und Armen zu teilen. Zur Zeit der Apostel wurde die Armut der meisten Menschen beklagt und die große Kluft zwischen den Reichen und den Armen wurde hervorgehoben. Das ist auch heute noch in vielen Teilen der Welt so, beispielsweise in Nigeria. Die Gemeinde in Jerusalem ist ein bekanntes Beispiel für die Unterstützung der Armen (Apostelgeschichte 2:44–45; 4:34–35; 6:1). Die Christen in Antiochia schickten später Geld für die Hungersnot nach Judäa. Die Jünger beschlossen, den Brüdern, die in Judäa wohnten, Hilfe zu senden. Sie taten dies und schickten es den Ältesten durch die Hände des Barnabas und des Saulus (Apostelgeschichte 11,29-30). Paulus lobte die Gemeinden in Mazedonien und Achaja dafür, dass sie für die armen Heiligen in Jerusalem spendeten (Römer 15,25–27).

Für seine Familie zu spenden ist für alle Christen eine Verpflichtung. In der Bibel heißt es: „Wer nicht für seine Verwandten sorgt, vor allem für seine nächste Familie, der hat den Glauben verleugnet und ist schlimmer als ein Ungläubiger" (1. Timotheus 5,8). Das ist besonders wichtig, weil es in Nigeria ein großes Familiensystem gibt. Dort müssen die Schwiegereltern, Cousins, Neffen, Nichten, Brüder, Schwestern und selbstverständlich der Vater und die Mutter versorgt werden, unabhängig von der finanziellen Situation.

Aber in der Familie Gottes müssen wir auch die Bedürfnisse anderer Christen erfüllen. Dr. Charles C. Ryrie geht sogar so weit zu sagen: „Unsere Hauptverantwortung im Umgang mit Geld besteht darin, für die materiellen Bedürfnisse anderer Gläubiger zu sorgen" (Galater 6,10). Christen sollten Empathie mit den leidenden Menschen in ihrer Umgebung zeigen und so weit gehen, für die Linderung ihrer Probleme zu spenden. „Es ist lobenswert, für Flüchtlinge und hungernde Menschen in anderen Ländern zu spenden, für die Opfer von Kriegen, Erdbeben und anderen Katastrophen sowie für diejenigen, die unter Ungerechtigkeit leiden, wie in Afrika."[21]

Christen müssen für Witwen, Waisen und Bedürftige spenden. Allen brachte diesen Punkt sehr gut auf den Punkt:

> „Dein Geld kann für Dich sprechen, wenn Du hilfst, Waisen, Hilflose und die Arbeit von Krankenhäusern zu unterstützen. Deine Gaben haben mehr Bedeutung, wenn Du daran denkst, dass sie dorthin gehen, wo Du nicht hingehen kannst, und dort dienen, wo Du nicht dienen kannst.[22]

Viele Christen kennen die Geschichte des reichen jungen Mannes, der zu Jesus kam und ihn fragte, was er tun müsse, um das ewige Leben zu erben. Jesus wies ihn zunächst auf die Gebote hin: „Du sollst nicht töten, Du sollst nicht ehebrechen, Du sollst nicht stehlen, Du sollst nicht falsch Zeugnis ablegen, Du sollst Deinen Vater und Deine Mutter ehren." Der junge Mann antwortete sofort: „Das alles habe ich gehalten, seit ich ein Junge war" (Markus 10,20). Jesus sah ihn an und liebte ihn, denn er wusste, dass der Mann mit seiner Aussage Recht hatte.

„Eines fehlt euch noch", sagte er. „Geh, verkaufe alles, was Du hast, und gib es den Armen, so wirst Du einen Schatz im Himmel haben. Dann komm und folge mir nach" (Markus 10,21). Der Mann war betrübt über die Aussage Jesu, denn er besaß viel. Er ging traurig weg, kam aber nicht zu Jesus zurück. Jesus kommentierte: „Wie schwer ist es für die Reichen, in das Reich Gottes zu kommen!" (Markus 10,23). Geld wurde von Jesus nicht verurteilt, sondern es sollte aufgezeigt werden, dass es ein Fehler ist, Geld über Gott zu stellen, und wie wichtig es ist, dass Bedürftigen geholfen wird (siehe auch Matthäus 25:37-40).

Jesus sagte zu seinen Jüngern: „Verkauft euer Hab und Gut und gebt den Erlös den Armen. Schafft euch Geldbeutel an. Die sollten nicht abgenutzt werden. Schafft euch einen Schatz im Himmel an. Der sollte nicht erschöpft werden. Dort sollte kein Dieb hinkommen. Keine Motte sollte ihn zerstören. Denn wo euer Schatz ist, da wird auch euer Herz sein" (Lukas 12:33–34; siehe auch Epheser 4:28; Jakobus 1:27). Die unterprivilegierten Menschen in unserer Mitte – also Waisen, Witwen und Bedürftige – sollen unterstützt werden, wie in dieser Passage geraten wird.

Wir sollen aus Liebe zu anderen und zu Jesus geben. Wir sollen unsere Gaben nicht verkünden, um von anderen gelobt zu werden. Es soll im Verborgenen geschehen, „damit der Herr, der ins Verborgene sieht, uns für die guten Taten, die wir getan haben, belohnt" (Matthäus 6,1–4).

Minister und das Evangelium unterstützen

„Die Ältesten, die die Angelegenheiten der Gemeinde leiten, sind doppelter Ehre wert, vor allem diejenigen, deren Arbeit das Predigen und Lehren des Evangeliums ist. Denn in der Schrift heißt es: ‚Du sollst dem Ochsen nicht den Maulkorb anlegen, wenn er das Korn ausschüttet', und: ‚Der Arbeiter verdient seinen Lohn'" (1. Timotheus 5,17-18). Geldmangel ist oft der Grund, warum Menschen, die von Gott zum Dienst berufen wurden, sich nicht in Seminaren und Bibelschulen ausbilden lassen können. Das gilt auch für andere Menschen, die nicht das Privileg haben, andere höhere Bildungseinrichtungen zu besuchen oder eine Berufsausbildung zu machen. Dieses Problem ist vor allem in afrikanischen Ländern und an anderen Orten der Welt verbreitet, wo man für den größten Teil der Ausbildung bezahlen muss – vom Kindergarten bis zur Universität.

Diese Vernachlässigung der Diener Gottes betrifft auch die Bezahlung der Pastoren in der Kirche. Das Thema wird von S. A. Aluko sehr direkt angesprochen, wenn er schreibt: „Die Gottesdienste werden von uns Christen in den Kirchen abgehalten und es wird nach Hause gegangen, um sich auszuruhen, und es wird überlassen, dass die Kirchenverwaltung und die Evangelisation von den Geistlichen übernommen werden. Wir glauben nicht daran, Zeit und Geld für die Verbreitung unseres Glaubens zu opfern."[24] Später fügt Aluko diese scharfe Rüge hinzu:

> „Die derzeitige Bezahlung der Geistlichen ist traurig niedrig. Sie vertreibt viele vitale, brillante und religiöse Menschen aus dem Dienst. Sie verringert die Anziehungskraft und den Einfluss des Christentums in unserer Gesellschaft. Wenn die Kirche ihre Vorrangstellung behalten will, muss der christliche Beruf nun mit anderen Berufen um die besten Männer in unserer Gesellschaft konkurrieren. Es obliegt uns, unsere Haltung zu diesem Anliegen einer Revision zu unterziehen und uns dessen gewahr zu werden, dass die adäquate Ausbildung und Entlohnung der im kirchlichen Bereich Beschäftigten von primärer Relevanz ist, auch im Vergleich zu unseren kirchlichen Bildungsprogrammen.[25]

Die Arbeit, die Welt zu gewinnen, kann nicht ohne ausgebildete Führungskräfte durchgeführt werden. Durch das „Scherflein" des Christentums ist es uns möglich, Studenten in unseren Seminaren und Bibelschulen auszubilden. Das Ziel ist es, zukünftige Führungskräfte für die christliche Religion hervorzubringen.

Die Unterstützung der Christen würde helfen, Pastoren und Missionare ins Hinterland der Welt zu entsenden, um das Evangelium Christi zu verbreiten. Allen Kommentare zu diesem Thema sind sehr inspirierend:

„Du hilfst, den Pastor für seine treuen Dienste zu bezahlen, und indem Du ihn unterstützt, predigst Du durch ihn." Du hilfst bei der Beschaffung von Literatur für alle kirchlichen Organisationen. Deine Gaben helfen dabei, das Kirchengebäude in gutem Zustand zu halten, und sorgen für Musik, Beleuchtung und andere notwendige Dinge, wodurch Du so dazu beiträgst, dass Gottesdienst, Studium und Ausbildung stattfinden können.

Charles C. Ryrie weist in seinem Kommentar zum Thema Unterstützung von Missionaren darauf hin, dass „Paulus und seine Mitarbeiter bei ihrer

Missionsarbeit unterstützt wurden. Die philippinische Gemeinde gab Paulus bei mindestens drei Gelegenheiten (Philipper 4,16) das Recht, für diejenigen, die in der Arbeit tätig sind, zu kämpfen, von anderen unterstützt zu werden, und Paulus verteidigte dieses Recht rigoros.27

Der Apostel Paulus ermutigte die Korinther ganz direkt, die christlichen Arbeiter finanziell zu unterstützen: „So hat auch der Herr geboten, dass die, die das Evangelium verkündigen, ihren Lebensunterhalt aus dem Evangelium beziehen" (1. Korinther 9,14). Die Unterstützung anderer, die für den Herrn arbeiten, sollte für Christen nicht nur eine Unterstützung für Pastoren sein. Wie Anderson es ausdrückt:

> Die Heilige Schrift besagt, dass es göttlich erwünscht ist, Geld einzusetzen, um treue christliche Arbeiter zu unterstützen. Deshalb ist es wichtig, dass das Volk Gottes seine finanziellen Mittel einsetzt, um andere christliche Mitarbeiter zu unterstützen, seien es Älteste einer Ortsgemeinde, Wanderprediger oder Missionare."28

Um Gottes Segen und Belohnung zu erhalten

Gott segnet seine Kinder auf verschiedene Weise, so wie er es versprochen hat (Maleachi 3,10). Die Prinzipien der Bibel, sowohl im Alten als auch im Neuen Testament, legen nahe, dass diejenigen, die sparsam sät, auch sparsam ernten werden, und dass diejenigen, die großzügig sät, auch großzügig ernten werden (2. Korinther 9,6). Als Paulus die Gemeinde in Philippi für ihre Großzügigkeit gegenüber seinem Dienst lobte, sprach er davon, dass ihnen mehr gutgeschrieben wird (Philipper 4:17). Das bedeutet, dass Gott diejenigen, die reichlich geben, stärker segnen wird. Großzügige Gaben lösen bei den Empfängern viele Gebete und Fürbitten im Namen des Gebers aus: „Sie sehnen sich nach euch und beten für euch" (2 Kor 9,14). Der Geber gibt sein Geld. Der Empfänger betet im Gegenzug. Solche Gebete können die Hand Gottes für Segnungen bewegen. Segnungen, die das physische Geld nicht bewirken kann.29Jesus lehrte, dass ein großzügiger Mensch und treuer Geber von seinen Mitmenschen mit freundlicher Behandlung belohnt wird. „Richtet nicht, und ihr werdet nicht gerichtet werden. Verurteile nicht, und Du wirst nicht verurteilt werden. Vergebt, und euch wird vergeben werden. Gebt, und es wird euch gegeben werden. Ein gutes Maß, niedergedrückt, zusammengeschüttelt und übergelaufen, wird in Deinen Schoß geschüttet werden. Denn mit dem Maß, das ihr gebraucht, wird euch zugemessen werden" (Lukas 6,37–38).

In den Tagen des Königs Hiskia begann das Volk von Juda wieder, dem Herrn zu geben, und sie empfingen selbst reichlich von ihm. Es heißt: „Seitdem das Volk angefangen hat, die Opfergaben in das Haus des Herrn zu bringen, haben wir genug zu essen gehabt und sind reichlich übrig geblieben; denn der Herr hat sein Volk gesegnet, und was übrig geblieben ist, ist dieser große Vorrat" (2. Chronik 31,10). Gott schenkt seinen treuen Kindern oft auch materiellen Wohlstand. Das Geheimnis des Wohlstands und des Erfolgs, das er Josua gab, beruhte allein auf dessen Hingabe (Josua 1,7–8).

Die Belohnung für gottgefälliges Geben ist, dass Gott Dich befähigt, noch mehr zu geben. Gott wird Dankbarkeit entgegengebracht werden. Er wird durch Dich verherrlicht werden. Und die Menschen werden für Dich beten.

Wenn Gläubige mit dem richtigen Motiv geben, wird vieles geschehen. Gott wird unsere Bedürfnisse stillen (Philipper 4:17–19). Die Bedürfnisse der Armen werden gestillt (vgl. Philipper 4,16.18; 2. Korinther 8,13-14; 9,12). Gott wird gedankt und verherrlicht werden (2 Kor 9,11–13.15). Der Leib Christi wird im Gebet und in der Gemeinschaft geeint sein (2 Kor 9,14). Und Menschen werden wegen deiner Spenden die Ewigkeit mit Gott verbringen.

Nachdem wir uns mit den adäquaten Motiven für das Geben auseinandergesetzt haben, ist es sinnvoll, dass wir auch die inauthentischen Motive für das Geben erkennen.

Falsche Motive des Gebens
Wird die Motivation zum Geben durch eigennützige Motive bestimmt, die darauf abzielen, durch Tricks und Manipulationen Gunst zu erlangen, führt dies zu einer verzerrten Wahrnehmung der Realität und einer fehlgeleiteten Intention. Lugt und Smith treffen mit ihrer

Beobachtung über die richtigen Absichten beim materiellen Geben und Empfangen von Segen genau ins Schwarze: „Treue und Großzügigkeit beim Geben bringen Belohnungen, aber das Motiv für das Geben darf niemals der egoistische Wunsch nach finanzieller Gegenleistung oder das Gefühl sein, dass man Gott mit einer Spende manipulieren kann, damit er etwas für einen tut."[31] Niemand kann Gott mit Geschenken bestechen, weil die Annahme von Bestechung nicht mit seinem Wesen vereinbar ist.

Geben kommt von Herzen und muss aus einem dankbaren Herzen kommen. Wenn jemand beschließt, etwas zu geben, um Menschen, der Kirche oder Missionen zu helfen, sollte er dies aus den richtigen Motiven tun. Er sollte es nicht tun, um sich selbst zu erhöhen. Er sollte es auch nicht tun, um seinen Reichtum zu zeigen. Jesus hat die Pharisäer beispielsweise für ihre Arroganz beim Geben verurteilt (Matthäus 23:23–24).

Es gibt ein Sprichwort. Es besagt, dass ein gutes Leben zu guten Spenden führt. Ein schlechtes Leben führt zu schlechten Spenden. Viele Menschen in der Bibel dienen als Beispiele für dieses Prinzip. Was denken wir über die Opfergaben von Kain und Abel? War es nicht die habgierige Einstellung, die Kain dazu brachte, Gott ein inakzeptables Opfer darzubringen? Sein Bruder Abel gab dagegen aus einem guten Herzen heraus großzügig. Was ist mit Saul? Wurde sein schlechtes Geben nicht von Samuel verurteilt? „Hat der Herr mehr Gefallen an Brandopfern und Schlachtopfern als daran, dem Herrn zu gehorchen? Gehorsam ist besser als Opfer, und Gehorsam ist besser als das Fett von Widdern" (1. Samuel 15,22). Wurden die Gaben der bösen Israeliten zur Zeit Jesajas nicht abgelehnt? (Jesaja 1,13) Was ist mit den bösen Priestern zur Zeit Hoseas (Hosea 6,4–6)? Wurden nicht auch die schlechten Gaben der Pharisäer verworfen (Matthäus 23,23–24)? Eine ehrliche Antwort auf diese Fragen sollte Christinnen und Christen dazu bringen, ihre Gabenpraxis zu überdenken.

Sich selbst überhöhen (Stolz)
Denjenigen, die in dieser Welt reich sind, sage ich, sie sollen nicht hochmütig sein und ihre Hoffnung nicht auf den unsicheren Reichtum

setzen, sondern auf Gott, der uns mit allem versorgt, was wir genießen können. Befiehl ihnen, Gutes zu tun, reich an guten Taten zu sein, großzügig zu sein und bereit zu teilen. Auf diese Weise werden sie sich einen Schatz aneignen, der ihnen als festes Fundament für das kommende Zeitalter dient. So können sie das Leben ergreifen, das wirklich Leben ist. (1. Timotheus 6:17–19)

Jeder Christ und jede Christin sollte sich die Ermahnung von Paulus an Timotheus zu Herzen nehmen. In dieser Ermahnung wird dazu aufgerufen, nicht hochmütig zu sein, wenn man reich ist. Viele Menschen geben heute ihre Gaben, um sich selbst zu erhöhen, sogar in unseren Kirchen. Sie kündigen ihre Gabe an, damit die Leute sie für ihre großartige Spende loben. Dabei übersehen sie die Warnung Christi vor einer solchen Art des Gebens (Matthäus 6,1–4). Lugt und Smith illustrieren diese unbiblische Haltung mit folgendem modernen Beispiel: „Ein Geschäftsmann, der jede Woche 20 Dollar gibt, dachte einmal: ‚Der Pastor und die Diakone sollten dankbar sein, dass ich hier bin, um das zu tun. Sie würden mein Geld vermissen, wenn ich mich jemals entschließen würde, zu einer anderen Kirche zu gehen.'"[33]

Nichts, was wir für Gott tun, hat einen Wert in seinen Augen, wenn es nicht Ausdruck von Dankbarkeit, Liebe, Glauben und dem Wunsch ist, seinen Willen zu tun. Und das schließt das Geben ein! Solange ein Mensch eitel hinsichtlich seiner Kompetenzen und Errungenschaften ist und versucht, sein eigenes Prestige durch sein Helfen zu erhöhen, ist er eine Schande für den Allmächtigen. Solange eine hochmütige Haltung vorherrscht, ist unser Geben, so großzügig es auch erscheinen mag, ein Gräuel vor dem allmächtigen Gott. Steven J. Cole schrieb dazu: „Wenn Du gibst, um von den Menschen für Deine Großzügigkeit geehrt zu werden, gibst Du aus dem falschen Grund. Das Geben soll im Verborgenen vor Gott geschehen" (Matthäus 6,1–4).

Um die Gunst von Gott und Menschen zu gewinnen
Ein weiteres falsches Motiv ist es, Gunst zu erlangen. Die Überzeugung, dass die monetären Zuwendungen, die Christen in den Opferteller werfen, ihnen Gunst bei Gott verschaffen oder Gott zu ihnen in Pflicht nehmen, ist vollkommen unhaltbar. Jesus sprach über die akribische

Art der Pharisäer beim Geben. Sie verließen sich darauf, dass ihr Geben ihnen Gunst vor Gott verschaffte (Matthäus 23,23–24). Sie besuchten die Synagoge, beteten und zahlten den Zehnten, aber sie hassten und kreuzigten den Erlöser. Ein rein äußerlicher Dienst, sei es mit Geld oder in anderer Form oder Zeremonie, genügt also nicht Gottes Ansprüchen. Er wollte, dass wir heilig sind (Matthäus 5:20).

Jeder Christ, der glaubt, er könne durch das Geben von Dollars und Cents Gottes Gunst erlangen, irrt sich. Man mag mit dem Geld, das man gibt, die Gunst der Menschen erlangen, aber das beeindruckt Gott nicht. Wenn wir geben, um von den Menschen beklatscht zu werden, haben wir unseren Lohn bereits hier auf Erden erhalten (Matthäus 6,1–4). David formulierte einst: „Die Opfer Gottes sind ein zerbrochener Geist; ein zerbrochenes und zerknirschtes Herz, o Gott, wirst Du nicht verachten" (Psalm 51,17). Steve J. Cole kommentiert:

> „Geld ist Macht. Manche Leute drohen damit, ihre großen Spenden woanders hinzubringen, wenn Du nicht tust, was sie wollen. So mag es in der Politik zugehen, aber so funktioniert Gottes Kirche nicht. Es ist falsch, die Wohlhabenden zu bevorzugen (Jakobus 2,1–9). Es ist eine Sünde, mit Geld geistlichen Einfluss zu kaufen (Apostelgeschichte 8,9–24).

Aus Schuldgefühlen geben

Wir sollten nicht aus Schuldgefühlen geben, weil wir so viel Reichtum haben. Es ist großartig, gute Verwalter dessen zu sein, womit Gott uns gesegnet hat. Wir sollten uns nicht unter Druck setzen lassen, zu geben. Wir haben umsonst empfangen und sollten auch umsonst geben, nicht aus Zwang.

Eine Belohnung als Gegenleistung zu erhalten

Ein weiteres falsches Motiv für das Geben ist die Erwartung, eine Gegenleistung zu erhalten. Menschen mit diesem Motiv denken, dass sie nur dann etwas bekommen, wenn sie selbst etwas geben. Sie betrachten das Geben als einen Handel und erwarten, dass entweder Gott oder ein Mensch ihnen etwas zurückgibt. Bischof Asarja drückt es so aus: „Sie haben das Geben als einen Handel betrachtet. Wenn ich Dir gebe, gibst

Du mir im Gegenzug. Wenn ich Gott gebe, wird er mir geben."[36]

Auf Gimmicks reagieren

Viele Menschen werden von Fernsehpredigern und Telefonverkäufern zum Spenden gedrängt. Einige der Dinge, die sie sagen, sind:

> „Für Deine Spende schicke ich Dir mein neuestes Buch." „Die Namen deiner Angehörigen werden in ein spezielles Buch eingetragen, das in der Lobby des neuen Gebäudes aufgehängt wird." Am schlimmsten ist jedoch: „Wir schicken Dir ein spezielles Gebetstuch, gesegnet von Bruder Soundso." All das sind weltliche Gimmicks, die im Gegensatz zum biblischen Geben stehen.

Es ist seltsam, das Geben als eine Investition zu betrachten und zu glauben, dass Gott gezwungen ist, eine gute Rendite zu gewähren. Die Bibel rät uns, so zu geben, dass wir nicht erwarten, von den Menschen, denen wir gegeben haben, etwas zurückzubekommen (Lukas 6:34–35). Wenn unser Geben davon abhängt, was wir im Gegenzug erhalten, sind wir nicht besser als die Pharisäer. Dr. Ryrie formulierte einst: „Materieller Segen wird heutzutage keinesfalls als automatische Kompensation für Beständigkeit in irgendeiner Form des christlichen Lebens in Aussicht gestellt, auch nicht im Kontext der Gabe. Es ist vorzuziehen, uneigennützig zu geben, ohne eigens dafür zu agieren. Das ist die Art und Weise, wie Gott seinen Kindern gibt, und das ist das Muster, dem wir nach Gottes Willen folgen sollen (Jakobus 1:5; Römer 12:8). Lugt und Smith haben es so ausgedrückt: „Zu geben, weil man glaubt, es zurückzubekommen, ist so, als wäre man gut zu einem alten Menschen, weil man in sein Testament aufgenommen werden möchte."[39]

Fazit

Richtig oder falsch – es gibt definitiv Motive für christliches Geben. Ich bin fest überzeugt, dass alle Besitztümer der Menschheit Gott gehören. Wir sind alle Verwalter dessen, was Gott uns gegeben hat, und dafür sollten wir dankbar sein. Ein richtiges Motiv für christliches Geben ist die Nachahmung Christi beim Geben. Christus hat sich selbst gegeben, um die Menschheit von all ihren Sünden zu erlösen. Unser Geben sollte darauf abzielen, das Leiden der Menschen zu lindern.

Geben ist ein Beweis für die eigene Liebe (1. Johannes 3,16–18). Es sollte für uns ein Weg sein, Christus nachzuahmen. Es sollte ein Beweis für die Realität unserer Liebe sein. Wir sollten damit denen helfen, die in Not sind. Natürlich sollten wir mit unseren Spenden auch Pastoren, Missionare und Missionen unterstützen. Wenn wir geben, öffnen wir die Tür, um selbst Gottes Segen und Belohnungen zu empfangen.

Das Geben zum Zwecke der Selbstaufwertung, der Erlangung von Gottes Gunst, des Eindrucks bei Menschen oder der Sicherung einer Belohnung ist jedoch ein sehr falscher Ansatz und sollte abgeschafft werden.

Nachdem wir nun eine Analyse unserer Motive für das Geben vorgenommen haben, können wir uns nun den Prinzipien und Methoden des christlichen Gebens widmen.

Referenz für Kapitel 2

12. John MacArthur, "Principles of Godly Giving, Pt. 1–2 Corinthians 8 and 9," https:/gracebibleny.org/principles_of_ godly_giving_pt_1_2_corinthians_8_9.

13. R. M. Burke, *Pounds and Pennies* (Ibadan, Nigeria: Daystar Press, 1967), p. 11.

14. H. D. M. Spence, Joseph S. Exell, *The Pulpit Commentary on Corinthians*, Vol. 19 (Grand Rapids, Michigan: Eerdmans Publishing Company, 1962), p. 208.

15. Ira D. Sankey, *Sacred Songs and Solos* (London: Marshall Morgan and Scott, n.d.), p. 115.

16. Brian Anderson, https://w.thebridgeonline.net/author/brian/

17. Hattie Bell Allen, *Living for Jesus* (Nashville, Tennessee: The Sunday School Board of the Southern Baptist Convention, 1939), p. 81.

18. Dr. Charles Caldwell Ryrie, *Balancing the Christian Life* (Chicago: Moody Press, 1981), p. 84.

19. Spence, p. 201.

20. Dr. Charles Caldwell Ryrie, *What You Should Know About Responsibility* (Chicago: Moody Press, 1982), p. 91.

21. Burke, p. 12.

22. Allen, p. 83.

23. S. A. Aluko, *Christianity and Communism* (Ibadan, Nigeria: Daystar Press, 1964), p. 56.

24. Aluko, p. 56.

25. Aluko, p. 69.

26. Allen, p. 83.

27. Ryrie, *Social Responsibility*, p. 92.

28. Anderson, https://www.thebridgeonline.net/author/brian/

29. V. S. Azariah, *Christian Giving* (New York, New York: World Christian Boks Association Pres, 195), p. 74.

30. https://bible.org/seriespag/lesson-5-giving-god-s-way-selected-scriptures

31. Vander H. Lugt and Carl H. Smith, *As Usher Come Forward. Grand Rapids* (Michigan: Radio Bible, 1976), p. 61

32. Lugt and Smith, p. 19.

33. Ibid, p. 19.

34. John R. Rice, *All About Christian Giving* (Wheaton, Illinois: Sword of the Lord Publishers, 1954), p. 12.

35. https://bible.org/seriespage/lesson-5-giving-god-s-way-selected-scriptures

36. Bishop Azariah, p. 87.

37. https://bible.org/seriespage/lesson-5-giving-god-s-way-selected- scriptures

38. Ryrie, *Christian Life*, p. 88.

39. Lugt and Smith, p. 55.

KAPITEL 3

Die Prinzipien und Methoden des christlichen Gebens

Viele Menschen denken, dass das Thema christliches Geben eine schwere Verantwortung für Gläubige darstellt. Tatsächlich ist es aber ein sehr glückliches Thema. Für Jesus Christus zu geben, das gesegnete Evangelium zu verkünden, Menschen mit materiellen Dingen zu geben und diejenigen zu segnen, die uns mit geistlichen Dingen beschenkt haben, ist eines der größten Privilegien und Freuden eines Christen. Das wirst Du sehen, wenn wir die biblischen Prinzipien und Methoden des Gebens betrachten.

Die Prinzipien des christlichen Gebens

Das christliche Geben ist eine Gnade, ein Geschenk Gottes, das durch die Befähigung des Heiligen Geistes ermöglicht wird. Es ist ein Beweis für Gottes gnädiges Wirken in den Herzen gläubiger Männer und Frauen. Als solches steht es im Gegensatz zum Prinzip des Gesetzes, das das Geben zur Pflicht macht. Christliches Geben ist durch die folgenden Prinzipien gekennzeichnet:

Schenken aus Freude

Die mazedonischen Christen, die in Bedrängnis und Armut lebten, lernten, wie wichtig es ist, mit überwältigender Freude zu geben – sowohl Gott als auch ihren Brüdern und Schwestern im Herrn gegenüber (2 Kor 8,2). Dies sollte das Prinzip sein, das christliches Geben leitet. Deshalb wird betont, dass das Geben niemals „widerwillig oder unter

Zwang" erfolgen soll (2. Korinther 9,7). Das Geben soll freudig und großzügig sein.

Wir sollen mit anderen, die weniger Glück haben als wir, teilen und selbstlos geben, ohne eine Gegenleistung zu erwarten (Lukas 14,13–14).

Geben trotz Bedrängnis

Geben sollte nicht nur in guten Zeiten Freude machen, sondern auch, wenn man bedrängt wird. Und nun, Brüder und Schwestern, wollen wir euch von der Gnade erzählen, die Gott den mazedonischen Gemeinden geschenkt hat. Ihre überschwängliche Freude und ihre extreme Armut entlud sich wie ein Wasserfall mitten in einer sehr schweren Prüfung. Denn ich bezeuge, dass sie so viel gaben, wie sie konnten, und sogar mehr als sie konnten. Ganz auf sich allein gestellt, baten sie uns eindringlich um das Privileg, an diesem Dienst für das Volk des Herrn teilhaben zu dürfen. Sie haben unsere Erwartungen nicht nur erfüllt, sondern sogar übertroffen. Zuerst haben sie sich dem Herrn hingegeben und dann, gemäß Gottes Willen, auch uns. (2. Korinther 8,1-5)

Um die korinthischen Christen zum richtigen Geben anzuregen, nahm sich Paulus die mazedonischen Christen zum Vorbild. Die Mazedonier wurden von ihren nichtchristlichen Landsleuten verfolgt und bedrängt, aber das hielt sie nicht davon ab, sich für Gott und seinen Dienst einzusetzen. Auch die Christen von heute sollten sich an den Mazedoniern orientieren und ebenso geben. Bischof Azariah schrieb:

> „Wenn wir uns Gott voll und ganz hingeben, werden Bedrängnis, Verfolgung und Leiden sowie das daraus resultierende Leben in ständiger Angst und Sorge die Beziehung unserer Christen zu Gott und ihr Geben nicht beeinträchtigen."

Geben trotz Armut

So wie Bedrängnis kein Hindernis für das Geben war, sollte auch Armut kein Hindernis sein. Viele Christen in der Welt des Neuen Testaments hatten finanzielle Probleme, aber ihr Geben wurde dadurch nicht behindert. „Die Christen, die am wenigsten zu geben haben, die sich abmühen, um über die Runden zu kommen, sind oft diejenigen, die uns mit ihren aufopferungsvollen Spenden am meisten überraschen – und das sowohl damals als auch heute."

Und gleichzeitig sind es oft diejenigen, die im Überfluss leben, die geizig und widerspenstig sind. Geld neigt dazu, das Herz zu verhärten. Es lässt die Quellen des Mitgefühls in manchen Menschen austrocknen."[42]

Jesus selbst hat uns gezeigt, dass Armut kein Hindernis für aufopferungsvolles Geben ist. Er führte das Beispiel der armen Witwe an:

> Als er aufblickte, sah er, wie die Reichen ihre Gaben in den Tempelschatz legten. Auch eine arme Witwe, die zwei sehr kleine Kupfermünzen einlegte, wurde von ihm gesehen. „Wahrlich, ich sage euch", sagte er, „diese arme Witwe hat mehr eingezahlt als alle anderen. Alle diese Leute haben aus ihrem Reichtum gegeben; sie aber hat aus ihrer Armut heraus alles hineingegeben, was sie zum Leben hatte." (Lukas 21,1-4)

Im Folgenden wird Brian Andersons Ermutigung für die Armen zitiert:

> Außerdem sollten sich diejenigen, die dazu in der Lage sind, nicht schuldig fühlen, wenn sie nicht in der Lage sind, zehn Prozent ihres Einkommens zu geben. Es stimmt, dass Gott den Menschen ehren und segnen wird, der aufopferungsvoll gibt. Aber Gläubige müssen die Freiheit haben, das zu geben, was sie sich in ihren Herzen vorgenommen haben, ohne Angst vor der Verurteilung durch andere.[43]

Die Tatsache, dass Armut kein Hindernis für großzügiges Geben ist, führte direkt zum nächsten Grundsatz: Jeder soll nach seinen Möglichkeiten geben.

Geben, was man kann.

In der mazedonischen Kirche richtete sich das Spenden nach den individuellen Fähigkeiten der Mitglieder. Es wurde, anders als im Alten Testament, kein fester Betrag festgelegt, sondern die Mitglieder gaben, was sie konnten. Ein Christ sollte so geben, wie es der Herr für ihn vorgesehen hat: „Jeder von euch soll eine Summe beiseitelegen, die seinem Einkommen entspricht" (1. Korinther 16,2). Herr A sollte nicht warten, bis Herr B spendet, bevor er selbst spendet. Seine Gabe sollte nicht mit der des anderen verglichen werden, sondern dem Herrn sollte das gegeben werden, was er selbst zu geben in der Lage ist.

Das schlechte Beispiel von Ananias und Sapphira (Apostelgeschichte 5,1-11) sollte nicht nachgeahmt werden. Stattdessen sollte das Beispiel der armen Witwe aufrechterhalten werden. Ihre Gabe wurde gelobt, weil sie von Herzen gab und alles gab, was sie hatte. Sie gab sogar mehr, als sie konnte. Jesus kümmerte sich nicht um den Betrag, sondern um das Herz, das sie gab, und das Opfer, das sie brachte. „Unser Geben muss an dem gemessen werden, was wir haben. Die Verantwortung eines Menschen, etwas beizutragen, wird nicht daran gemessen, was ein anderer zu geben vermag, sondern an seiner eigenen Fähigkeit."[44]

Sich verschenken

Liberalität entspringt der Hingabe an den Herrn, sodass alles, was wir haben – einschließlich unseres Geldes – Gott zur Verfügung steht. Die mazedonischen Christen gaben nicht nur ihr Geld, sondern auch sich selbst (2. Korinther 8,5). Die meisten Christen haben tatsächlich viel von sich selbst für den Herrn gegeben. Aber sie haben es versäumt, die finanzielle Seite davon zu erfüllen. „Geiz angesichts menschlicher Bedürfnisse ist das System eines unvollständig hingegebenen Lebens."[45] Es war die Gier, die Jesus bei den Pharisäern sah und die ihn dazu veranlasste, zuerst sein Reich und seine Gerechtigkeit zu suchen. Diese Dinge werden euch dann auch gegeben werden (Matthäus 6:33; siehe auch 5:20; 6:24–32; Lukas 16:14).

Bis 2001 war ich Vollzeitlehrer. Meine Frau und ich haben uns aber aufgrund unseres Dienstes darauf geeinigt, dass ich Vertretungslehrer werden sollte. So hätte ich mehr Zeit für den Missionseinsatz und könnte so viel Zeit wie möglich im Dienst verbringen. Ich wurde also Zeltmacher und nutzte die weltliche Arbeit, um mein Engagement im Dienst zu unterstützen, wie es der Apostel Paulus tat. Meine Frau war ebenfalls Vollzeitlehrerin, musste aber 2011 in den Vorruhestand gehen, um mehr Zeit für den Dienst zu haben.

Es gibt keinen Betrag an Geld oder Zeit, der zu viel ist, um sich für Gottes Werk einzusetzen. Die Hymne „Nimm mein Leben und lass es sein" wurde von Francis R. Havergal geschrieben. Dieser erkannte das Wesen der Selbsthingabe.

Meine Stimme ist Dein, um immer nur für meinen König zu singen. Meine Lippen sind Dein, um sie mit Botschaften für Dich zu füllen. Nimm mein Silber und mein Gold, kein Scherflein will ich zurückhalten.

> Nimm meinen Verstand und nutze jede Kraft, die Dir zusteht. Nimm meine Liebe, mein Herr, und ich lege ihre Schätze zu Deinen Füßen. Nimm mich, und ich werde immer nur für Dich da sein.

Eine erfolgreiche Gewohnheit des Gebens entsteht aus einem Leben, das Gott gewidmet ist. Dieses Leben sollte sich ihm hingeben. „Das, was Gott in der Frage des Gebens wirklich gefällt, ist, dass die Menschen sich selbst, ihre Liebe, ihre Hingabe, ihr Vertrauen, ihren Dienst und alles, was sie haben, geben."[46] Die Website von Focus on the Family ermutigt uns: „Gib Deine Termine und Pläne jeden Tag als Erstes Gott. Bitte ihn, Dir zu zeigen, wie er möchte, dass Du Deine Zeit, Deine Talente und Deine Ressourcen einsetzt, und gib ihm die Erlaubnis, Deine Agenda zu unterbrechen."[47]

Eifrig geben, um die Gelegenheit zum Geben bitten.

Es wurde von den mazedonischen Christen so weit gegangen, dass um eine Gelegenheit zum Spenden gebeten wurde; das sollte auch von uns getan werden (2. Korinther 8,4). Es war die Liebe, die sie dazu veranlasste, um eine Gelegenheit zu bitten, ihr Witwenschmalz zu geben, um das Leiden der Heiligen in Jerusalem zu lindern. Das Beispiel der Urgemeinde war in den Köpfen der Mazedonier fest verankert. Es findet sich in den Apostelgeschichte (2:44-45, 4:32-35). Deshalb glaubten sie daran, das, was sie hatten, mit den Bedürftigen zu teilen. Zweifellos waren sie sich der Aussage Christi bewusst, dass „Geben seliger ist als Nehmen" (Apostelgeschichte 20,35).

Für die heutigen Christen ist es jedoch schwer, eine Gelegenheit zum Geben zu bitten, was sie aber dennoch versuchen sollten. Das liegt am Wunsch, so viel Reichtum zu erwerben wie die Ungläubigen um uns herum. Dieser Autor vertritt die Ansicht, dass Menschen, die heute glauben, wie die Mazedonier damals, nach Möglichkeiten suchen sollten, ihre christliche Liebe durch Geben zum Ausdruck zu bringen. „Geben war für sie ein Privileg, ein Gewinn, kein Verlust."[48]

Aus eigenem Antrieb geben

Das Geben, das nicht erzwungen ist, ist viel besser als das erzwungene Geben. Als die Kinder Israels in der Wüste für den Bau der Stiftshütte gaben, taten sie dies freiwillig. Die Menschen gaben so viel oder so wenig, wie sie wollten, und gaben oft sogar mehr, als sie brauchten. Mose musste ihnen schließlich befehlen, keine weiteren Gaben für die anstehende Arbeit zu bringen (Exodus 35:4–9; 36:5–7).

Das Geben sollte nicht aus Zwang erfolgen, denn sonst gibt es keine Freude daran. Es gibt Kirchen, die ihre Mitglieder zum Spenden zwingen, und zwar auf eine Art und Weise, die nicht der Bibel entspricht. Es gibt verschiedene Methoden, um Spenden zu sammeln. Dazu gehören zum Beispiel Aktionen mit hohem Druck, Quoten, die Überprüfung von Gehaltsabrechnungen, Umlagen, Ernte- und Gebäudeabgaben, Klassengebühren, Basare, jährliche Missionssammlungen (AMC) und andere Methoden. Vielleicht kennst Du einige davon als westliche Methoden, andere als afrikanische. Aber sie alle widersprechen dem biblischen Grundsatz, dass man geben soll „was man im Herzen beschlossen hat zu geben, nicht widerwillig oder unter Zwang" (2. Korinther 9,7). Den Menschen sollte beigebracht werden, wie und warum sie geben sollten. Die Bedürfnisse der Kirche und der einzelnen Gemeindemitglieder sollten den Mitgliedern bekannt gemacht werden. Sie sollten die Möglichkeit haben, freiwillig und aus eigenem Antrieb zu geben.

Zu den neutestamentlichen Texten über das Geben nach eigenem Entschluss gehören 2.

John Wesleys Maxime „Verdiene alles, was Du kannst, spare alles, was Du kannst, und gib alles, was Du kannst" sollte jeden Christen und jede Christin herausfordern, wobei Anderson darauf hinweist, dass das biblische Muster des freiwilligen Gebens bis in die Zeit vor Mose zurückreicht, denn „Dieses freiwillige Geben ist genau das, was Abraham und Jakob vor der Einführung des Gesetzes taten, und was alle Christen auch heute tun sollen". Die Gläubigen von heute sind frei, so viel zu geben, wie sie wollen." Diese Art des Gebens zeigt, dass wir Gottes Gebot gewissenhaft befolgen. Rice schrieb:

> „Wie gesegnet ist es, wenn christliche Menschen geben, nicht weil es sich um den Prediger handelt oder wegen der Missionsaufrufe, sondern weil sie sich in ihrem eigenen liebenden Herzen danach sehnen, zu geben; weil sie sich am Geben erfreuen und mit ihrer eigenen heiligen Hingabe und ihrem Eifer ihre Gaben bringen."[51]

Gläubige sollten geben, weil ihnen alles, was sie besitzen, gegeben wurde. Du solltest Deine Gabe nicht mit der Gabe anderer Menschen vergleichen. Mit anderen Worten: Konkurriere nicht mit anderen Menschen in ihrem Geben. Steve Diggs schrieb:

> „Die Spendenbereitschaft eines jeden Christen ist eine sehr persönliche Erfahrung, die von seinen finanziellen Möglichkeiten abhängt." Die finanzielle Ungleichheit zwischen seinem Volk war von Anfang an ein Thema, das Gott beschäftigte. Während die ärmeren Gläubigen im Alten Testament weniger teure Tauben mitbringen durften, wurde von den besser gestellten Juden erwartet, dass sie ein Opferlamm mitbringen.

Großzügig schenken

Es ist eine Sache, aus eigenem Antrieb zu geben, und eine andere, großzügig zu geben. Die Großzügigkeit der frühen Christen, die aus Liebe handelten, übertraf bei weitem alles, was unter dem jüdischen Volk, das sich nach dem Gesetz richtete, bekannt war. Im Bericht von Lukas in der Apostelgeschichte wird gezeigt, dass alles gemeinsam besessen und verkauft wurde und die Güter so verteilt wurden, wie es jeder brauchte (Apostelgeschichte 2:44-45, 4:32-35).53Das Beispiel von Barnabas ist unter diesem Aspekt der Großzügigkeit besonders bemerkenswert (Apostelgeschichte 4:36-37).

Großzügigkeit, Spontanität und Freude beim Geben entstehen, wenn es nicht als Pflicht, sondern als Privileg angesehen wird. Das kann nur geschehen, wenn wir uns mehr um die Bedürfnisse anderer als um unsere eigenen kümmern. Eine solche Fürsorge ist die herausragende Frucht des christlichen Geistes. Charles C. Ryrie schreibt in seiner Studienbibel: „Gott wird den großzügigen Geber mit genug versorgen, um seine eigenen Bedürfnisse zu befriedigen und genug für jede gute Tat zu geben."54

Der große Abschnitt über das Geben in 2. Korinther 8–9 vergleicht das Geben mit dem Säen von Samen. „Bedenke dies: Wer sparsam sät, wird auch sparsam ernten, und wer großzügig sät, wird auch großzügig ernten" (2 Kor 9,6). Genauso wird ein Christ, der dem Herrn sparsam gibt, im Gegenzug einen mageren Segen ernten, während derjenige, der großzügig gibt, reichlich ernten wird.

Es ist besser, unseren Schatz im Himmel als auf der Erde zu horten (Matthäus 6:19–21). Die effektivste Art und Weise, wie ein Christ dies tun könnte, wäre, seinen Schatz in die Gewinnung und Pflege ewiger Seelen zu investieren. Dies könnte er entweder durch die Unterstützung der Kirche oder durch Spenden an bedürftige Menschen tun. Oswald Smith erklärt das Prinzip wie folgt:

> „Du gibst Gott in Tagen des Wohlstands, und Gott wird Dir in Tagen der Depression geben. Wenn Du Gott in Zeiten des Überflusses etwas vorenthältst, wird Gott Dir in Zeiten der Depression etwas vorenthalten. Wenn Du Gott treu gibst, wirst Du nie an der Armutsgrenze stehen."

Fröhlich geben

Die Ermahnung des Paulus an die korinthischen Christen zum fröhlichen Geben ist ein guter Rat für alle Christen. Denn Gott liebt den fröhlichen Geber. Das steht in 2. Korinther 9,7. Dort heißt es:

„Ein jeder tue, wie er es sich in seinem Herzen vorgenommen hat, nicht widerwillig oder unter Zwang." Die Idee des fröhlichen Gebens könnte so erklärt werden, dass man gibt, um diejenigen aufzuheitern, die in Not sind, und dass man es mit einem Ausdruck der Freude im Gesicht und im Herzen tut.

In vielen Ländern der Welt, insbesondere in den als Dritte-Welt-Länder bezeichneten Regionen, erheben Kirchen Abgaben von ihren Mitgliedern. Wenn eine Kirche die Menschen jedoch zum Geben zwingt, werden sie es nicht freudig tun.

Fröhliche Geber sind Objekte der Liebe Gottes. Gott schert sich nicht um unsere Gaben, wenn sie widerwillig gegeben werden.

Gib trotz deiner Armut fröhlich, was der Herr Dir gegeben hat, so wie die arme Witwe in Markus 12, die dafür gelobt wurde.
„Geben sollte als großes Privileg angesehen werden, nicht als schwere Last oder furchtbare Pflicht. Gott will nicht, dass sein Volk aus einem Gefühl des Zwanges heraus gibt, sondern aus einer Haltung der Freude und des Frohsinns."[57]

Regelmäßig geben

Die korinthischen Christen sollten jede Woche Geld für die Arbeit des Herrn beiseite legen, so die Anweisung des Paulus: „Am ersten Tag jeder Woche soll jeder von euch eine Summe beiseite legen, die seinem Einkommen entspricht, und sie aufsparen, damit, wenn ich komme, keine Kollekte gemacht werden muss" (1. Korinther 16,2). Die Regelmäßigkeit wird durch die Formulierung „am ersten Tag jeder Woche" deutlich. Das bedeutet, dass das Geben ein ständiger Akt sein wird.

Die Urgemeinde praktizierte jeden Sonntag in ihrer Versammlung oder Gemeinschaft fünf Dinge, die ihr wichtig waren: Gottesdienst, Unterweisung, Gemeinschaft, Evangelisation und Dienst (für Ehefrauen). Zum Dienst gehörte auch, dass sie ihren Besitz mit anderen teilten. In Apostelgeschichte 2:42-47 wird ausdrücklich beschrieben, wie das Geben von materiellen Dingen, um die Bedürfnisse der anderen zu befriedigen, Teil des andauernden gottesdienstlichen Lebens der ersten Christen war, die sich dadurch von anderen Völkern unterschieden.

Die heute übliche Praxis, eine Zeit des Gebens in den Sonntagsgottesdienst einzubauen, entspricht dem Gebot des Paulus für den ersten Tag jeder Woche. Charles Ryrie schreibt in seinem Kommentar sogar, dass „der Tag des Herrn von Gott dazu bestimmt ist, Rechnungen zu führen, Proportionen festzulegen und Vorräte anzulegen".(58)

Es ist ein Gebot Gottes zu geben und wir werden ermutigt, dies regelmäßig zu tun. Allen bringt es auf den Punkt: „Bringe jeden Sonntag Dein eigenes Opfer, so viel Du kannst, mit Freude in Dein Herz, in das Haus des Herrn."[59]

Angemessenes Geben

Von Christen wird nicht nur erwartet, dass sie regelmäßig geben, sondern auch, dass sie proportional geben. Jesus bringt den allgemeinen Gedanken zum Ausdruck, wenn er sagt:

„Von jedem, dem viel gegeben wurde, wird viel verlangt werden; und von dem, dem viel anvertraut wurde, wird noch viel mehr verlangt werden" (Lukas 12,48). Dieser Grundsatz gilt für viele Aspekte des christlichen Lebens, aber der folgende Abschnitt bezieht sich speziell auf unser Geben: „Jeder von euch soll eine Summe beiseitelegen, die seinem Einkommen entspricht" (1 Kor 16,2).

Was ist mit proportionalem Geben gemeint? Wenn ein Christ beispielsweise 300 Dollar pro Woche verdient, würde sich sein Geben an diesem Einkommen orientieren. Wenn jemand anderes etwa 1.000 Dollar pro Woche verdient, würde man normalerweise erwarten, dass die zweite Person mehr gibt als die erste, und zwar im Verhältnis zu ihrem Einkommen. Das heißt: Wenn Du mehr bekommst, gibst Du mehr; wenn Du weniger bekommst, gibst Du weniger. Aber denke an die Mazedonier, die mehr gaben, als sie konnten (2. Korinther 8,3).

Aufopferungsvoll geben

Ein Opfer bedeutet, dass man etwas von großem Wert für einen bestimmten Zweck oder zum Nutzen eines anderen aufgibt. Die Bibel empfiehlt christliche Opferbereitschaft.

Die arme Witwe in Lukas 21,1–4, die alles gab, was sie hatte, ist ein gutes Beispiel für aufopferungsvolles Geben. Es ist nicht die Höhe des Betrags, den sie gab, die ihr den Ruf einbrachte, mehr zu geben als diejenigen, die an diesem Tag ihre Gaben gaben. Es ist der Betrag, der nach dem Geben zurückblieb, und das Herz, mit dem sie gab, die sie unsterblich gemacht haben. Viele Menschen bezeichnen ihre Gabe heute als „Scherflein der Witwe", was jedoch nicht korrekt ist. Nehmen wir an, ein Mann hat 1.000 Dollar und gibt 10 Dollar in einen Opferteller. Was übrig bleibt, sind 990 Dollar. Dieser Betrag, den sie gegeben haben, steht nicht im Verhältnis zum Rest und ich kann ihn nicht als Opfergabe bezeichnen. Eine Gabe ist dann ein Opfer, wenn sie im Verhältnis zum Restbetrag steht oder diesen übersteigt.

Aufopferungsvoll zu geben bedeutet nicht, alles zu geben, was wir haben. Es bedeutet, sich selbst zu geben. Es bedeutet, von Herzen zu geben. Und es bedeutet, sogar mehr zu geben, als man normalerweise von uns erwarten würde. Aufopferungsvolles Geben sollte uns zu einem genügsamen Leben führen, um Gottes Reich zu unterstützen.

Was ich meine, Brüder und Schwestern, ist, dass die Zeit kurz ist. Ab sofort sollen diejenigen, die Frauen haben, so leben, als ob sie keine hätten. Diejenigen, die trauern, sollen so leben, als ob sie keine hätten. Diejenigen, die glücklich sind, sollen so leben, als ob sie es nicht wären. Diejenigen, die etwas kaufen, sollen so leben, als ob sie es nicht behalten könnten. Und diejenigen, die die Dinge der Welt benutzen, sollen so leben, als ob sie nicht in sie vertieft wären.
Denn diese Welt in ihrer jetzigen Form vergeht. (1. Korinther 7:29–31)

Anderson fordert uns in diesem Sinne alle heraus:

„Kannst Du sagen, dass Dein Geben von Opfergeist geprägt ist? Kostet Dich das Geben wirklich etwas? Nicht so sehr der Aspekt des Gebens ist von Bedeutung, sondern derjenige des Behaltens für sich selbst, nachdem man gegeben hat. Möge unser großer und glorreicher Gott uns dazu befähigen, einen freudigen und aufopferungsvollen Lebensstil des Gebens zu praktizieren.

Geben sollte aufopferungsvoll sein und von jedem Christen praktiziert werden. Sorokis Bemerkungen über aufopferungsvolles Geben sind ein guter Denkanstoß für uns alle.

> So sollte aufopferungsvoll gegeben werden, wie wir uns von Gott geführt fühlen, und es sollte ihm erlaubt werden, unsere Spenden zu nutzen, um eine große Ernte im Leben anderer und in seiner Kirche zu erzielen. Das Muster christlichen Gebens hat nichts mit dem bloßen Abhaken von Kästchen und Verpflichtungen zu tun. Es ist ein täglicher Lebensstil der Freundlichkeit und Großzügigkeit, der aus dem Geist, der in uns wohnt, fließt.[62]

Geben ist ein Gebot für jeden Christen.
In 1. Korinther 16,2 weist Paulus an: „Jeder von euch soll einen Geldbetrag beiseite legen, der seinem Einkommen entspricht." Jeder Christ hat die Pflicht, einen bestimmten Betrag beiseite zu legen. Er hat nicht gesagt, dass einige Christen ihre Gaben beiseit legen sollen. Jeder Christ sollte geben. Unabhängig von seiner finanziellen Situation.

Wenn Du arm bist, solltest Du es den mazedonischen Christen gleichtun und aufopferungsvoll geben. Wenn Du vermögend bist, solltest Du trotzdem nach dem Verhältnis deiner Einkünfte geben und dabei bedenken, dass es seliger ist, zu geben, als zu nehmen (Apg 20,35). Wie Ryrie es ausdrückt:

> „Die Gnade macht das Geben nicht optional; es ist das Privileg und die Verantwortung eines jeden Christen und der konkrete Ausdruck seiner Liebe zu Gott." Geben ist eine persönliche Angelegenheit, bei der jeder Gläubige eine direkte und individuelle Verantwortung gegenüber dem Herrn trägt, als wäre er der einzige Christ auf der Welt."[63]

Steven J. Cole vertritt die Ansicht, dass jeder Christ geben sollte, und fügt Folgendes hinzu:

„Geben ist für Gläubige und sollte von allen Gläubigen getan werden." Sowohl arme als auch reiche Christen sollten dem Herrn etwas geben (2 Kor 8,2; Lk 21,1–4). Ein Grund, warum es falsch ist, Schulden zu haben, ist, dass man nicht frei ist, großzügig zu geben, wenn man Gläubigern etwas schuldet. Aber auch wenn Du nicht viel geben kannst, bist Du nicht vom Geben befreit. Auch diejenigen, die im christlichen Dienst unterstützt werden, sind davon nicht befreit. Sie sollten sogar mit gutem Beispiel vorangehen (Apostelgeschichte 20,35).

Es ist wichtig, die neutestamentlichen Anweisungen zum Geben für die Christen von heute zu betonen. Die Ursache für Missverständnisse in Bezug auf das Geben sind schlechte Beispiele und schlechte Lehre. Ein Beispiel hierfür ist die Betonung des alttestamentlichen Systems des Zehnten anstelle der neutestamentlichen Methode des Gebens. Wie Ryrie es ausdrückt: „Dem Werk des Herrn wird es nie an Unterstützung mangeln, wenn wir die neutestamentlichen Prinzipien des Gebens predigen und praktizieren."[65] Auf der Website von „Focus on the Family" findet sich eine gute Erklärung, wie ein Christ an Finanzen und Spenden herangehen sollte.

Wie sieht ein guter Verwalter aus? Wir vermuten, dass es fünf Schlüsselindikatoren für die Treue gibt, mit der er seine Verantwortung wahrnimmt. Erstens gibt er großzügig im Verhältnis zu seinen Ressourcen und Fähigkeiten (2 Kor 8,12). Zweitens übt er Selbstbeherrschung, indem er einen schuldenfreien Lebensstil pflegt (Römer 13:8; Galater 5:23). Drittens zahlt er seine Steuern anständig und dankbar (Matthäus 22:21; Römer 13:7). Viertens setzt er sich finanzielle Ziele, die die Bedürfnisse seiner Familie und Angehörigen berücksichtigen (1. Timotheus 5:8). Und fünftens wird der Rat weiser Berater gesucht und bei allen finanziellen Angelegenheiten anderen gegenüber wird Rechenschaft abgelegt (Sprüche 15:22).[66]

Die Methoden des christlichen Gebens

Nachdem die Grundsätze, die unser Geben leiten sollten, behandelt worden sind, ist es sinnvoll, dass einige der Methoden betrachtet werden, die von Christen beim Geben ihrer Gaben angewendet werden.

Das Neue Testament gebietet uns, unsere Mittel zu geben, und gibt uns mehrere Grundsätze vor, die wir dabei beachten sollen. Jeder Gläubige hat jedoch die Freiheit zu entscheiden, wie er oder sie gibt und welche Methode er oder sie anwendet. Das Alte Testament ist voll von praktischen Möglichkeiten, Gott zu geben, von denen die meisten scheinbar aus Zwang heraus geschehen. Dazu gehören das Getreideopfer, das Brandopfer, das Friedensopfer, das Sündopfer, das Schuldopfer, die erste Obsternte, ein Zehntel des Einkommens für die Leviten, ein Zehntel für die Ernte und ein Zehntel für die Armen (vgl. Levitikus 1–5, 23:22; Maleachi 3:6–12; 2. Könige 4:42–44; Deuteronomium 14:28–29). Es gibt viele verschiedene Methoden, die Christen heute zum Geben verwenden. Aber egal, welche Methode sie wählen: Christen sollten immer aus Liebe und nicht aus Zwang geben. In der Bibel werden Geiz, Habgier und Habsucht angeprangert, während Großzügigkeit, Gastfreundschaft und Liebe gepriesen werden. Diese Grundsätze des Gebens sollten wir immer im Hinterkopf behalten.

Durch Verpfändung

Die Verpfändung ist eine dieser Methoden, mit denen Gläubige heute für den Herrn spenden. Dabei gibt man Gott das Versprechen, einen bestimmten Betrag für die Arbeit des Evangeliums zu spenden. Wenn man ein solches Versprechen abgegeben hat, ist man verpflichtet, es zu erfüllen. Wenn dies nicht geschieht, können die Kirchenvertreter den Geber daran erinnern.

Die Verpfändung ist im Neuen Testament nicht eindeutig belegt, aber Christen können diese Methode anwenden. Es gibt auch praktische Gründe dafür, wie wir später sehen werden. Wenn das der Fall ist, muss man jedoch vorsichtig sein, bevor man sich verpflichtet, damit man nicht zum Schuldner wird, wenn man die Verpflichtung nicht erfüllt.

Das Versprechen kann darin bestehen, täglich, wöchentlich, monatlich oder jährlich einen bestimmten Betrag für die Arbeit des Herrn zu spenden. Der Betrag sollte im Verhältnis zum eigenen Einkommen stehen und dem Geber sowie seiner Liebe zum Herrn würdig sein. Er sollte den Opfern angemessen sein, die diejenigen bringen, die den jeweiligen Dienst ausführen. Der Geber sollte bedenken, dass der Segen, den er durch seine Großzügigkeit in Gottes Werk erntet, viel wertvoller ist als der finanzielle Gewinn, den er durch seine Weigerung zu geben bekommt.

Es gibt mehrere praktische Möglichkeiten, wie eine Gemeinde oder ein Dienst von einer Zusage profitieren kann:

1. *Ein Versprechen stärkt die Identität.* Jeder Einzelne in der Gemeinde erhält eine Pfandkarte, unabhängig vom Betrag. Das zeigt die Solidarität mit der Familie der Gläubigen. Die John Creek Baptist Church erklärt: „Eine Pfandkarte sagt: ‚Wir glauben an das, was wir als Gemeinde tun, und an das, was wir gemeinsam in Christus werden.'"[67] Eine Pfandkarte sagt: ‚Ja, wir sind dabei.'"[67]

2. *Verpfändung stärkt die Rechenschaftspflicht.* Wenn jemand ein Versprechen abgibt, dann schafft er oder sie für sich selbst eine Methode der Rechenschaftspflicht, die es ihm oder ihr ermöglicht, das Versprechen auch zu halten. Wenn Du zusagst, ermächtigst Du Deine Gemeinde, Dich zu ermächtigen.

3. *Pledging stärkt das Budget der Gemeinde.* Ein Kirchenhaushalt verbessert den Finanzierungsplan der Kirche. Der Gemeindehaushalt, auf den die Gemeinde jedes Jahr angewiesen ist, wird von den Pfarrerinnen und Pfarrern, den Diakoninnen und Diakonen, dem Haushalterausschuss, den Schatzmeisterinnen und Schatzmeistern sowie anderen Verantwortlichen im Gebet erarbeitet. Die im Voraus geleisteten Spenden helfen ihnen dabei, effektiv zu planen. Die John Creek Baptist Church erklärt dies näher:

Unser Schatzmeister analysiert jede Woche, jeden Monat und jedes Jahr die Trends. Ein wichtiges Instrument ist dabei die Gesamtzahl der Zusagen für eine treue und beständige Mitgliedschaft. Mit deiner

Zusage hilfst Du unserer Leitung, die Finanzierung der geplanten Initiativen verantwortungsvoll zu beurteilen.

Laut Ryrie kommt das Wort „Zehnte" im Neuen Testament nur acht Mal vor (Matthäus 23:23; Lukas 11:42, 18:22; Hebräer 7:5–6, 8–9). In den Evangelien taucht der Begriff immer dann auf, wenn von den Taten der Pharisäer die Rede ist. Diese taten, was sie konnten, um ihre Verpflichtung gegenüber dem mosaischen Gesetz zu erfüllen. Im Hebräerbrief wird der Zehnte verwendet, um die Unterlegenheit des levitischen Priestertums gegenüber dem Priestertum Melchisedeks zu beweisen. Die Pflicht, die Gläubige heute haben, ist also nicht im Neuen Testament begründet.74Lugt und Smith haben das sehr deutlich gemacht.

Niemand sollte den Zehnten als die biblische Norm für den Betrag predigen, den wir geben sollten. Sowohl im Alten als auch im Neuen Testament ist nirgendwo ein Zehntel der genaue Betrag, den Gott erwartet."

Ein wahrer Christ sollte aus eigenem Antrieb geben. Er sollte trotz Bedrängnis und Armut großzügig geben. Er sollte regelmäßig, verhältnismäßig und aufopfernd geben. Und er sollte von allen praktiziert werden. Großzügig, spontan und freudig wird das Geben erst dann sein, wenn es nicht als Pflicht, sondern als Privileg angesehen wird. Das kann nur geschehen, wenn wir uns mehr um die Bedürfnisse der Gemeinde und anderer kümmern als um unsere eigenen, denn nur so können wir erreichen, dass die Gemeinde und andere sich um uns kümmern. Dieses Geben sollte auf unterschiedliche Weise erfolgen: durch Pfänder, Almosen und Danksagungen. Unser Herr hat uns gelehrt: „Geben ist seliger denn Nehmen" (Apostelgeschichte 20,35).

Die Heilige Schrift lehrt, dass Christen im Verhältnis zu ihrem Einkommen geben sollen (1 Kor 16,2). Dies sollte nach dem Herzen, der Liebe und der Absicht geschehen. Im Neuen Testament ist das Geben des Zehnten nicht vorgeschrieben – das müssen Christen wissen. Die Grundsätze für das christliche Geben ähneln jedoch den Richtlinien des Alten Testaments. Unsere Gaben sollten nach wie vor aus einem dankbaren Herzen kommen, Anbetung ausdrücken und den Bedürftigen sowie denen zugutekommen, die uns geistlich dienen.

Sollte man nur an die örtliche Kirche geben?
Die Frage, ob man den Zehnten oder die Opfergaben nur an seine Ortsgemeinde geben sollte, ist eine, die gestellt werden muss. Diese Frage kann von den Menschen unterschiedlich beantwortet werden. Wir haben die Verantwortung, die Leiterinnen und Leiter zu unterstützen, die uns in unseren Kirchen geistlich dienen. Gleichzeitig sollten wir aber auch die Unterstützung derjenigen in Betracht ziehen, die uns außerhalb der Ortsgemeinde geistlich dienen. Sie helfen, die Bedürfnisse anderswo zu befriedigen. Unsere eigenen Dienstverpflichtungen beschränken sich ja nicht auf unsere Ortsgemeinde. Die Unterstützung, die Paulus während seines Dienstes in Korinth von den Philippern erhielt, erlaubt es auch, denjenigen zu geben, die nicht Teil der Ortsgemeinde sind (2. Korinther 11,9; Philipper 4,15). Es gibt auch einen klaren neutestamentlichen Präzedenzfall für das Geben an Bedürftige außerhalb der Ortsgemeinde: Paulus' Sammlungen für die Armen in Jerusalem. (Römer 15,25–27 ist eine von mehreren Passagen.)

Der gespendete Betrag konnte ein Teil des Zehnten oder der Opfergaben sein. Die Entscheidung, wem gegenüber er oder sie Rechenschaft über das ihm oder ihr anvertraute Geld ablegen sollte, lag beim Christ oder der Christin selbst. Er oder sie war dafür verantwortlich, zu entscheiden, wo er oder sie am besten spendet (1. Korinther 4,2; Matthäus 25,1-46; Lukas 19,11-27).

Was Spender motiviert
Es gibt viele Gründe, die Spender dazu bewegen, gemeinnützige, wohltätige oder religiöse Organisationen zu unterstützen, wobei es sich dabei um Beweggründe handeln kann, die ganz unterschiedlich sind. Jede gemeinnützige Organisation oder Kirche sollte den Nachweis erbringen, dass sie über die ihr von Gott anvertrauten Mittel Rechenschaft ablegt und sie verantwortungsvoll verwaltet. In den USA ist das Gesetz so. Aber auch in anderen Ländern sollten das die Dienste machen, die sich um die Sicherheit kümmern. Auch wenn es kein Gesetz gibt, dass sie das müssen. Deine Organisation wird von potenziellen Spendern

unterstützt, weil sie Rechenschaft ablegen müssen und detaillierte Informationen bereitstellen. Hier sind weitere Punkte, die Spender motivieren:

1. *Sie teilen Deine Mission.* Wenn der Auftrag einer Organisation gut formuliert und bekannt ist, fällt es den Menschen leichter, die Organisation zu unterstützen. Einige Spender äußern sich wie folgt: „Ich bin mir sicher, dass die gemeinnützige Organisation in meiner Gemeinde benötigt wird und ich weiß, dass sie gute Arbeit leistet. Nehmen wir das Leitbild von Eternal Word Communication Ministries zum Beispiel: „Nigerianische Kinder akademisch, geistlich, emotional und körperlich im Licht des Wortes Gottes erziehen." Das ist der Dienst, in dem meine Frau und ich tätig sind. Unsere Vision und Mission wurde seit 1994, dem Beginn des Dienstes, von vielen Einzelpersonen und Kirchen unterstützt. Sie sind von Anfang an mit uns mitgegangen. Einige andere haben sich auf dem Weg zu unserer Mission angeschlossen. Wir sind Gott für sie alle sehr dankbar.

2. *Sie vertrauen deiner Organisation.* Wenn die Menschen Dir und deiner Organisation vertrauen, können sie Deine Arbeit in hohem Maße unterstützen. Wenn es jedoch an Vertrauen mangelt, werden sie Deine Arbeit nicht unterstützen. Spender:innen kommen zu deiner gemeinnützigen Organisation, weil sie an Deinen Auftrag glauben. Sie bleiben Dir treu, wenn Du Dich ihres Vertrauens und Engagements würdig erweist. Transparenz und Verlässlichkeit sind der Schlüssel. Wenn Du sagst, dass Du etwas tun wirst, dann steh zu Deinem Wort."[78]

3. *Sie bekommen die Auswirkungen zu sehen.* Die Tatsache, dass Dein Dienst eine große Wirkung hat, kann gar nicht genug betont werden. Sie sehen es im Leben der Menschen, die Du erreichen willst. Wenn sich das bewahrheitet, werden Deine Spenderinnen und Spender zu Dir halten, und auch andere Menschen werden sich Dir anschließen. „Wenn das Gefühl vermittelt wird, dass durch eine Spende eine direkte Verbesserung einer Situation bewirkt werden kann, wird das Gefühl der Stärkung gefördert. Teile Deinen Spendern deshalb mit, was sie mit ihrer Spende unterstützen. Detaillierte Informationen darüber, was Du als direktes Ergebnis

ihrer Spenden erreichst, geben den Spendern Vertrauen."[79]

4. *Sie haben eine persönliche Verbindung zu Dir.* Wenn von jemandem, der von deiner Organisation profitiert hat, gesehen, gekannt oder gehört wird, werden Spenderinnen und Spender angespornt, zu spenden und weiter zu spenden! Die Beweise sind eindeutig. „Spenderinnen und Spender, die spenden, weil sie die Wirkung deiner Organisation aus erster Hand erfahren haben, sind hervorragende Fürsprecher für Deine Sache. Wenn Du Deine Spenderinnen und Spender nicht fragst, warum sie spenden, verpasst Du vielleicht diese Geschichten und die Gelegenheit, Deine Mission zu verbreiten, denn nur wer die Gründe kennt, kann sie auch richtig vermitteln.

5. *Sie wollen Teil von etwas sein.* Manche Menschen wollen definitiv Teil von dem sein, was in ihrer Gemeinde oder Gesellschaft vor sich geht – vor allem, wenn es gut läuft. „Gib Deinen Fakten und Statistiken ein menschliches Gesicht und komm zum Kern der Sache. Teile das mit Deinen Spenderinnen und Spendern. So können sie sich auf einer persönlichen Ebene mit deiner Arbeit identifizieren. Deshalb enthalten die Newsletter der meisten Organisationen Bilder. Darauf sind die Menschen zu sehen, die sie erreichen wollen.

6. *Du hast ihre Aufmerksamkeit erregt.* Viele Organisationen, Kirchen und Unternehmen sind in den sozialen Medien vertreten. Wenn sie Deine Website oder Deinen Blog durchsuchen, um herauszufinden, was Du tust, können sie es sehen. Wie man so schön sagt: ‚Ein Bild sagt mehr als tausend Worte!'" „Je mehr Menschen sehen, dass Gleichaltrige sich für eine Sache engagieren, desto eher sind sie bereit, mitzumachen und zu spenden, denn so wird ihnen bewusst, wie wichtig es ist, sich zu engagieren und zu spenden. Außerdem macht es Spaß, sich an sozialen Kampagnen zu beteiligen."

7. *Sie wollen Steuervorteile.* Die Regierung der Vereinigten Staaten hat Spenden an anerkannte gemeinnützige Organisationen und Kirchen als steuerlich absetzbar anerkannt. Durch Steuerabzüge verringert sich die Höhe der Steuern, die sie mit ihrem Jahreseinkommen an den Staat zahlen müssen. Das ist ein Anreiz für viele Spenderinnen und Spender, die sich an Ihrem Dienst beteiligen möchten.

Es gibt fünf Gründe, warum wir für wohltätige Zwecke spenden oder Organisationen unterstützen sollten, an die wir glauben. In Lukas 11:41

NASB heißt es: „Gebt aber das, was in eurem Inneren ist, als Almosen, dann ist alles rein für euch." Es ist sehr wichtig, dass Menschen für Organisationen spenden, an die sie glauben. Die Zuwendungen kommen nicht nur den Organisationen selbst zugute, sondern können sich auch positiv auf die Spenderinnen und Spender auswirken.

1. *Spenden für wohltätige Zwecke geben Dir ein gutes Gefühl.* Menschen verspüren ein Gefühl der Erfüllung, wenn sie sich der Tatsache bewusst werden, dass sie anderen Menschen auf die eine oder andere Weise behilflich sein können. „Für wohltätige Zwecke zu spenden, hebt die Stimmung. Das Gefühl, anderen Menschen helfen zu können, ist ein kraftvolles und erfüllendes Gefühl. Eine erhöhte Aktivität in dem Bereich des Gehirns, der für die Wahrnehmung von Freude zuständig ist, wurde bei Personen festgestellt, die eine Spende für wohltätige Zwecke getätigt haben. Dies geht aus den Forschungsergebnissen hervor.

2. *Wohltätiges Geben stärkt die persönlichen Werte.* Menschen können spirituell wachsen, wenn sie das, was sie haben, einsetzen, um anderen zu helfen. „Viele Menschen sehen es als Privileg an, die Möglichkeit zu haben, das Leben anderer zu verbessern, und fühlen sich deshalb verpflichtet, dies auch zu tun. Dieses Verantwortungsgefühl ist ein guter Weg, um unsere eigenen Werte zu stärken."[84]

3. *Spenden für wohltätige Zwecke sind wirkungsvoller denn je.* Manche Menschen haben die Sorge, dass ihre Spenden durch Steuern oder Verwaltungskosten geschmälert werden könnten. Die gute Nachricht ist: Spenden sind in vielen Ländern von der Steuer absetzbar. Viele finden Wege, ihre Spenden noch effektiver zu gestalten, indem sie beispielsweise direkt von ihrem Gehalt spenden, bevor die Steuern abgezogen werden, oder indem sie Aktienanteile an eine Wohltätigkeitsorganisation spenden oder ein wohltätiges Vermächtnis in ihrem Testament hinterlassen, denn es gibt viele andere Möglichkeiten, „steuerwirksam" für wohltätige Zwecke zu spenden.

4. *Durch Spenden für wohltätige Zwecke lernen Deine Kinder die Bedeutung von Großzügigkeit kennen.* Es ist sehr gut, wenn Du Deinen Kindern von klein auf beibringst, wie man für wohltätige Zwecke spendet. Sobald sie etwas einmal gelernt haben, lassen sie

nicht mehr davon ab. „Es ist ganz einfach, mit Deinen Kindern eine Tradition des Spendens für wohltätige Zwecke zu beginnen, und Du kannst damit Gutes tun." Stelle eine Spendenbox auf. Jeder in der Familie kann etwas einzahlen. Beziehe die Kinder in die Auswahl der zu unterstützenden Zwecke mit ein.

5. *Spenden für wohltätige Zwecke ermutigen Freunde und Familie, es Dir gleichzutun.* Wenn Du es gewohnt bist, für wohltätige Zwecke zu spenden, ist es gut, wenn Du Deine Freunde und Familienmitglieder dazu ermutigst. „Deine Spenden für wohltätige Zwecke können auch Deine Liebsten dazu inspirieren, selbst zu spenden. Das könnte sogar dazu führen, dass die ganze Familie sich zusammen tut, um eine Organisation zu unterstützen, die für euch alle eine besondere Bedeutung hat."

Es gibt verschiedene Gründe, warum Spenderinnen und Spender aufhören, eine Organisation zu unterstützen. Sie haben vielleicht eine Zeit lang gerne gespendet und es schien, als ob sie sich das bis zum Tod vornehmen würden. Leider ändern sich diese Gefühle manchmal. Hier sind einige mögliche Gründe dafür:

1. „Ich kann es mir nicht leisten, die Organisation zu unterstützen." Fehlende finanzielle Mittel sind einer der Gründe, warum Spender aufhören zu spenden.

2. „Ich fühle mich nicht mehr mit der Organisation verbunden." Aus verschiedenen Gründen fühlen sich manche Menschen nicht mehr mit der Organisation verbunden, die sie zuvor unterstützt hat. Die Wohltätigkeitsorganisation könnte ihre Kommunikation verbessern. Oder die Spenderin bzw. der Spender „sucht einfach nach neuen Menschen, mit denen sie bzw. er sich austauschen kann, oder ihre bzw. seine Interessen entwickeln sich weiter".

3. „Ich kann mich nicht daran erinnern, diese Organisation jemals unterstützt zu haben." Es kommt vor, dass Menschen vergessen, dass sie jemals gespendet oder eine Organisation unterstützt haben. Das kann daran liegen, dass sich die Organisation nach einiger Zeit nicht mehr bei der Person meldet. Für eine Kampagne wird von manchen Menschen gespendet, weil eine bestimmte Person mit der Organisation verbunden war, vielleicht jemand, der vor

der Spendenaktion persönlich kennengelernt wurde. Sie können sich „leicht an die Person erinnern, die sie unterstützt haben, aber sie haben keine Erinnerung an die Organisation, die hinter der Kampagne steht".89

4. „Sie bitten mich um zu viel Geld." Manche Menschen denken, dass viele Kirchen und andere Gruppen ständig zu viel Geld verlangen. Aus diesem Grund werden Menschen abgeschreckt und hören auf, für gute Zwecke zu spenden. Wohlfahrtsverbände und Organisationen sollten sich dessen bewusst sein. Sie sollten vorsichtig sein, wie sie um Unterstützung bitten. So schrecken sie nicht einige ihrer Unterstützer/innen ab. „Zu viel Bitten schreckt ab. Das passiert oft, wenn man um zu wenig bittet. Es kann dazu führen, dass die Spender zu einer anderen Organisation rennen."90

5. „Sie sagen mir nicht, wie mein Geld verwendet wird." Viele Spenderinnen und Spender sind immer froh, wenn sie wissen, wofür ihre Spenden verwendet werden. Sie haben die Gewissheit, dass ihre Spenden für einen guten Zweck verwendet werden. Das bringt sie dazu, Deine Organisation oder Deinen Dienst weiterhin zu unterstützen. „Die Menschen wollen wissen, dass ihr Geld etwas bewirkt. Wenn die Unterstützer nicht wissen, was sie mit ihrem Geld bewirken, suchen sie sich einen anderen Ort, an dem sie investieren."

6. „Sie haben mich nie wieder daran erinnert, zu spenden." Es ist wichtig, die Menschen daran zu erinnern, dass Deine Arbeit weitergeht und ihre Spende noch gebraucht wird. „Das ist einer der Hauptgründe, warum Spender gehen. Sie haben nie eine so einfache Nachricht wie diese erhalten: ‚Danke, dass Sie letztes Jahr gespendet haben. Möchten Sie dieses Jahr wieder spenden?'"92

7. „Sie haben etwas gesagt, das mir nicht gefallen hat." Vielleicht schreibst Du in Deinem Newsletter etwas, das Deinen Spendern nicht gefällt. Das kann Menschen abschrecken und sie hören auf, Deinen Dienst zu unterstützen. So etwas passiert von Zeit zu Zeit. Vielleicht haben sie einen Blogbeitrag gelesen. Vielleicht hat sie etwas gestört. Oder sie haben etwas gehört. Auf einer Veranstaltung. Vielleicht hat es nicht mit ihren Werten übereinstimmt. In diesem Fall kannst Du nicht viel tun. Du kannst nur beten.

8. „Ich konnte es mir nicht mehr leisten, zu geben." So etwas kommt

oft vor. Ein Spender oder eine Spenderin gerät in eine Notlage und kann nicht mehr so viel spenden wie früher. Wenn Deine Mission nicht mehr finanziell unterstützt werden kann, danke den Unterstützern für das, was sie bereits getan haben. Bitte sie, sich weiterhin mit ihrem Gebet an der Arbeit zu beteiligen!

9. „Der Gründer der Organisation ist verstorben." Eine Organisation wird von manchen Menschen unterstützt, weil der Gründer oder eine bestimmte Führungsperson gemocht wird. Im Falle des Ablebens dieser Person könnte die Spende eingestellt werden, da die Nachfolge ungewiss ist. Dieses Problem könnte durch eine einfühlsame Kommunikation der Organisation mit ihren Unterstützern über ihre Zukunftspläne verhindert werden.

10. Die Wohltätigkeitsorganisation braucht meine Unterstützung nicht mehr, so die Aussage einiger Spender, die in anderen Fällen aufhören, die Organisation zu unterstützen, wenn sie denken, dass diese ihre Unterstützung nicht mehr braucht. Das passiert, wenn sie das Gefühl haben, dass es der Organisation sehr gut geht und sie ihre Hilfe vielleicht nicht mehr benötigt.

11. „Die Wohltätigkeitsorganisation hat meine Unterstützung nicht anerkannt." Manche Organisationen vergessen, den Erhalt von Spenden von Einzelpersonen oder Kirchen zu bestätigen. Im Falle einer derartigen Entwicklung besteht die Möglichkeit, dass diese Personen oder Kirchen Ihre Wohltätigkeitsorganisation nicht länger unterstützen. Du musst der Person oder der Kirche schreiben und Dich für das Versäumnis entschuldigen. Bete anschließend, dass Gott sie berührt und sie Deine Arbeit wieder unterstützen.

Fazit

In diesem Kapitel haben wir uns mit den Grundsätzen und Methoden des christlichen Gebens befasst. Gläubige Menschen sollen aus Freude geben, auch wenn es schwer ist. Sie sollen geben, auch wenn sie arm sind. Sie sollen so viel geben, wie sie können. Sie sollen sich selbst geben. Sie sollen eifrig nach einer Gelegenheit fragen, aus eigenem Antrieb zu geben. Sie sollen großzügig, freudig, reichlich, regelmäßig, verhältnismäßig und opferbereit geben. Es gibt verschiedene Methoden des Gebens. Dazu gehören das Pfand, das Almosen, die Danksagung, das anonyme Geben und das erwartungsvolle Geben. In diesem Abschnitt wurden fünf Argumente präsentiert, die die Unterstützung wohltätiger Zwecke rechtfertigen, sowie verschiedene Beweggründe, die dazu führen, dass Spenderinnen und Spender ihre Tätigkeit beenden. Das nächste Kapitel befasst sich mit den Hindernissen für christliches Spenden in vielen Gesellschaften.

Referenz für Kapitel 3

40. Merrill D. Moore, *Found Faithful* (Nashville, Tennessee: Broadman Press, 1953), p. 34.

41. Bishop Azariah, p. 65.

42. Buttrick, et al. eds, *The Interpreter's Bible. vol. 10* (Nashville, Tennessee: Abingdon Press, 1978), p. 364.

43. Brian Anderson, https://www.thebridgeonline.net/author/brian.

44. Charles Williams, *A Commentary on The Pauline Epistles* (Chicago, Illinois: Moody Press, 1953), p. 202.

45. Buttrick, et al. eds., p. 365.

46. Rice, p. 10.

47. https://www.focusonthefamily.com/family-qa/reasons-christians- dont-give/

48. Buttrick, p. 207.

49. Williams, p. 206.

50. Lugt and Smith, p. 20.

51. Rice, p. 8.

52. https://www.crosswalk.com/family/finances/three-key-principles- of-godly-giving- 1426486.html

53. Moore, p. 37.

54. Charles Caldwell Ryrie. The Ryrie Study Bible. Chicago, Illinois: Moody Press. 1978, p. 1763.

55. Oswald J. Smith. The Cry of the World. London, England: Marshall Morgan and Scott, 1969, p. 65.

56. Williams, p. 207.

57. Anderson, (https://www.thebridgeonline.ne/category/articles/).

58. Charles Ryrie, *The Christian Life*, p. 87.

59. Allen, p. 82.

60. Charles Ryrie, *Christian Life*, p. 86.

61. A. S. Hornby, E. V. Gatenby, H. Wakefield, *The Advanced Learner's Dictionary of Current English* (London, England: Oxford University Press, 1965), p. 67.

62. https://www.biblestudytools.com/bible-study/topical-studies/what-does-the-bible-say- about-giving.html.

63. Charles Ryrie, Christian Life, p. 86.

64. https://bible.org/seriespage/lesson-5-giving-god-s-way-selected- scriptures.

65. Ibid, p. 89.

66. https://www.focusonthe family.com/family-qa/biblical-principles- and-principles-about- money/

67. https://jcbc.org/3-reasons-why-pledging-matters/

68. https://jcbc.org/3-reasons-why-pledging-matters/

69. https://www.episcopalcafe.com/stewardship_tithing_giving_ annual_pledge_ defined/

70. Merrill C. Tenney, Steven Barabas, et al., *The Zondervan Pictorial Encyclopedia of the Bible*. vol. 1 (Michigan: Zondervan Publishing House), 1977, p. 109.

71. Burke, pp. 9–10.

72. https://www.compellingtruth.org/alms.html#:~:text=In the Bible and in historic Christianity%2C almsgiving, seventh year%2C leave the entire field %28E

73. Brian Anderson. (https://www.thebridgeonline.net/authority brian/

74. Charles Ryrie, *Christian Life*, p. 87.

75. Lugt and Smith, p. 20.

76. Chuck and Winnie Christensen, *We Just Can't Afford to Tithe* (Chicago, Illinois: Moody Monthly. July/August, 1982), p. 91.

77. https://www.networkforgood.com/nonprofitblog/7-reasons-why-donors-give

78. https://www.networkforgood.com/nonprofitblog/7-reasons-why- donors-give

79. https://www.networkforgood.com/nonprofitblog/7-reasons-why-donors-give/

80. https://www.networkforgood.com/nonprofitblog/7-reasons-why-donors-give/

81. https://www.networkforgood.com/nonprofitblog/7-reason-why- donors-give/

82. https://www.networkforgood.com/nonprofitblog/7-reasons-why- donors-give/

83. https://www.cafonline.org/mypersonal-giving-/long-term-giving/resource-centre/five- reasons-to-give-to-charity

84. https://www.cafonline.org/mypersonal-giving-/long-term-giving/ resource-centre/five- reasons-to-give-to-charity

85. https://www.cafonline.org/mypersonal-giving-/long-term-giving/resource-centre/five- reasons-to-give-to-charity

86. Ibid.

87. https://www.cafonline.org/my-personal-giving/long-term-giving/ resource-centre/five- reasons-to-give--to-charty

88. https://firespring.com/solutions-for-nonprofits/7-reasons-why-donors-leave-you/

89. Hhtps://firespring.com/solutions-for-nonprofits/7-reasons-why- donors-leave-you/

90. https://firespring.com/solutions-for-nonprofits/7-reasons-why-donors-leave-you/

91. https://firespring.com/solutions-for-nonprofits/7-reasons-why- donors-leave-you/

92. https://firespring.com/solutions-for-nonprofits/7-reasons-why-donors-leave-you/

93. https://firespring.com/solutions-for-nonprofits/7-reasons-why- donors-leave-you/

94. www.campbellrinker.com/Managing_donor_defection.pdf

95. Dr. Adrian Sargeant, www.campellrinker.com/Managing_donor_ defection.pdf.

KAPITEL 4

Die Nachteile des christlichen Gebens in vielen Gesellschaften

Die Finanzen sind ein so wichtiger Faktor in jeder Organisation, jedem Unternehmen, jeder Gesellschaft und jeder Mission. Unter Christen haben sie aus verschiedenen Gründen stark gelitten. Das Hauptproblem ist, dass die meisten Christen die Motive und Ziele des christlichen Gebens zwar kennen, die Prinzipien und Methoden aber nicht in die Praxis umsetzen. Es gibt jedoch noch viele andere Faktoren, die das christliche Spenden erschweren.

Armut
Armut ist ein Grund, den Menschen für ihre Unfähigkeit, richtig zu spenden, angeben. In manchen Fällen ist die Armut auf einen Mangel an Arbeitsplätzen zurückzuführen. In afrikanischen Kirchen wird der Mangel an Geldmitteln durch das System der Großfamilien noch verschlimmert. Dort wird von jedem Erwachsenen erwartet, dass er sich um eine Handvoll Verwandte oder mehr kümmert – unabhängig davon, ob die eigene Familie es sich leisten kann.
Viele Menschen in den Vereinigten Staaten sind sich nicht bewusst, wie weit verbreitet das Problem der Armut ist. Tatsächlich sind die meisten Christen weltweit verarmt. Merrill D. Moore liefert in seinem Buch „Found Faithful" einige traurige Statistiken:

> Die Hälfte der Weltbevölkerung hat ein Durchschnitts
> einkommen von weniger als hundert Dollar pro Jahr. Zwei

Drittel der Menschen leben unterhalb des Existenzminimums. Die Menschen sind hungrig. Mehr als die Hälfte der Menschheit leidet an Unterernährung. Kranke haben keinen Arzt, keine Medizin und niemanden, der ihnen hilft.

Die Menschen sind nicht nur arm, sondern haben auch hohe Schulden, die sie davon abhalten, Gottes Werk zu unterstützen. In den wohlhabenderen westlichen Ländern haben viele Menschen aufgrund einer Hypothek, eines Autokredits, eines Studienkredits oder einer Kreditkarte ein noch nie dagewesenes Ausmaß an Schulden erreicht. Da viele Kirchenmitglieder durch Schulden versklavt sind, die oft auf vermeidbare Ausgaben zurückzuführen sind, haben sie oft das Gefühl, dem Herrn nichts geben zu können.

Mehr Ehre für die Wohlhabenden

Den Wohlhabenden wird in den Kirchen oft viel mehr Anerkennung zuteil als dem Durchschnitt oder den Armen. Einige dieser wohlhabenden Mitglieder erhalten besondere Plätze in der ersten Reihe, auf die sonst niemand Anspruch hat. Diese Trennung verstößt gegen die klare Lehre der Heiligen Schrift (Jakobus 4:1–9). Die Bibel sagt, dass Gott keinen Menschen bevorzugt (Apostelgeschichte 10:34; Römer 2:11), und wir sollten uns bemühen, ihm darin zu gleichen. Oft machen sich jedoch der Pastor und die Ältesten mitschuldig, wenn sie die Wohlhabenden bevorzugen und die finanziellen Nöte der Gemeinde von den Menschen und nicht von Gott lösen wollen. Ein unglückliches Nebenprodukt dieser Bevorzugung ist, dass die Beiträge der anderen, beispielsweise der Witwen mit ihren Scherflein, minimiert werden und Menschen mit niedrigem und durchschnittlichem Einkommen vom Geben abgehalten werden.

Auferlegte Abgaben in Form von Abgaben

Eine weit verbreitete Praxis in den Kirchen vieler Länder ist es, die Mitglieder zu besteuern, um Geld für kirchliche Projekte zu sammeln. Der Grund dafür ist der fehlende Geist des Gebens in einer solchen Organisation oder Kirche. Die Kirche erhebt von ihren Mitgliedern bestimmte Geldbeträge in Form einer Klassen-, Gebäude- und Ernteabgabe. Diese Abgaben sind obligatorisch. Wenn ein Mitglied eine dieser Abgaben nicht bezahlt hat und dann stirbt, müssen diese Abgaben beglichen werden, bevor die Kirche die Beerdigung durchführen kann.

Sobald die Abgaben beglichen sind, wird das Mitglied als treu betrachtet, selbst wenn es vielleicht nie ein echter Gläubiger war. Die Kirche organisiert einen glorreichen Trauergottesdienst, bei dem der Verstorbene gelobt und als Vorbild dargestellt wird.

Solche Methoden bringen vielleicht kurzfristig mehr Geld ein, helfen aber nicht dabei, die Menschen über die christlichen Prinzipien des Gebens zu erziehen. Jason Soroski schrieb:

> „Gott liebt einen fröhlichen Geber!" Das ist ein schöner Gedanke, denn Paulus sagt: „Gebt fröhlich!" und nicht: „Gebt einen bestimmten Betrag!" Gott will nicht, dass wir widerwillig oder unter Zwang geben. Wenn Du unter Druck gesetzt wirst, einen bestimmten Betrag zu geben, dann läuft etwas sehr falsch und sehr unbiblisch. Das Geben ist dann keine Freude mehr, sondern eine Last.[98]

Mangelnde Budgetierung für kirchliche Bedürfnisse

Die Bedeutung einer Budgetierung kann für jedes Unternehmen oder jede Mission nicht hoch genug eingeschätzt werden. Viele Kirchen sind finanziell bankrott, weil es an einer vernünftigen Haushaltsplanung mangelt. Andere Kirchen machen den Fehler, den Gottesdienstbesuchern die Haushaltsdetails nicht mitzuteilen. Die Gemeinde weiß dann nicht, wie hoch der Finanzbedarf der Kirche ist und welche finanziellen Prioritäten gesetzt werden müssen. Wenn die Mitglieder die wahre finanzielle Situation der Kirche nicht kennen, führt das unweigerlich zu einem Mangel an opferbereiten Spenden. Sie werden ihre Verantwortung für die Bedürfnisse der Kirche nicht erkennen und denken, dass ihre fünfzig Cent oder ein Dollar ausreichen.

Wenn die Kirchenleitung die Einzelheiten des Haushaltsplans kommuniziert, wird dies das biblische Geben fördern. Es ist auch eine kluge Praxis, die Mitglieder in den Entscheidungsprozess für den Haushalt einzubeziehen. Wenn die durchschnittlichen

Gottesdienstbesucher:innen mehr Mitspracherecht bei den Entscheidungen haben, sind sie eher bereit, den Haushalt mit ihren Gaben zu erfüllen.

Ein Mangel an einem guten Buchhaltungssystem in der Kirche

Es reicht nicht aus, dass die Mitglieder die Haushaltsdetails kennen, mit denen sie zum Wohl der Kirche beitragen. Es ist auch wichtig, dass sie wissen, wie ihre Spenden ausgegeben wurden. In vielen Kirchen wird jedoch kaum oder gar keine Rechenschaft abgelegt und der Bericht ist möglicherweise nicht korrekt.

Die Mitglieder sind viel eher bereit zu spenden, wenn die Kirche ihnen berichtet, wie das Geld ausgegeben wird. Es ist gängige Praxis, dass der Schatzmeister dem Kirchenvorstand einen gedruckten Monatsbericht und der gesamten Gemeinde einen gedruckten Jahresbericht vorlegt. Der Schatzmeister sollte bei der Vorstellung des Berichts für Fragen zur Verfügung stehen. Vor allem bei großen Kirchen ist es außerdem eine gute Praxis, die Rechenschaftspflicht zu erhöhen, indem eine externe Rechnungsprüfung durchgeführt wird, um sicherzustellen, dass die Buchhaltung der Kirche korrekt geführt wird.

Veruntreuung von Kirchengeldern

Die Kirchenleitung gibt nur vage Angaben darüber, wie die Spendengelder ausgegeben wurden. Der Grund dafür ist, dass sie keine Rechenschaft ablegen will. Sie wehren sich gegen eine Überprüfung, weil sie nicht ehrlich mit dem Geld Gottes umgehen. Derselbe Schädling, der die Geschäfte von Ungläubigen plagt, frisst sich immer tiefer in unsere Kirchen hinein, mehr als je zuvor. Dieser Schädling ist niemand anderes als Kirchenbeamte, die das ihnen anvertraute Geld veruntreuen. Unterschlagung ist ein schickes Wort für Raub im Haus Gottes. Die Igbos in Nigeria beschreiben es als „einen Hund, der den Knochen frisst, der ihm um den Hals gehängt wurde". Das muss gestoppt werden! „Wie traurig ist es, dass Christen im Umgang mit dem Geld anderer Leute nicht vollkommen vertrauenswürdig sind. Der Missbrauch von Geld schadet dem Ruf der Kirche und der Seele des Einzelnen."[99]

Mangel an guter biblischer Lehre

Eine der Hauptursachen dafür, dass so wenige moderne Christen biblische Haushalterschaft praktizieren, ist das Fehlen einer guten biblischen Lehre über das Geben. Die meisten Christen geben nicht richtig, weil ihnen die biblischen Prinzipien des Gebens von der Kirchenleitung nicht vermittelt werden und sie nicht erlebt haben, wie das Geben im Leben anderer Mitglieder praktiziert wird. Infolgedessen haben die Menschen kaum eine Vorstellung davon, welche Auswirkungen richtiges Geben in ihrem Leben haben kann.

Die Menschen, die ihre Gottesdienste besuchen, werden in den meisten neuen Kirchen nicht richtig über das Geben unterrichtet. Neuen Christen wird zwar beigebracht, dass sie sich Gott hingeben müssen, es wird ihnen jedoch nicht gezeigt, dass sich diese Hingabe in vielen konkreten Formen zeigen muss. Die Kirchenleitung scheut sich, neuen Gläubigen beizubringen, dass sie ihre Liebe zu Gott und zur Gemeinde durch finanzielle oder andere Gaben zeigen sollen. Es wird ihnen nicht beigebracht, wie, warum und an wen sie geben sollen.

Die Vertreter des Wohlstandsevangeliums sind für die falsche Lehre über das Geben verantwortlich. Sie lehren, dass „finanzieller Segen und körperliches Wohlergehen immer der Wille Gottes für sie sind" und dass „Glaube, positive Reden und Spenden für religiöse Zwecke den materiellen Wohlstand vermehren werden". Die Wohlstandstheologie betrachtet die Bibel als einen Vertrag zwischen Gott und den Menschen; wenn die Menschen an Gott glauben, wird er ihnen Sicherheit und Wohlstand geben." Das ist eine sehr unbiblische und gefährliche Lehre! Gott schuldet uns nichts und nichts, was wir tun, kann ihn uns gegenüber verpflichten. Es hängt allein von Gott ab, ob und wie er uns segnet. Wir können ihn nicht gegen seinen Willen zwingen.

Die Lösung dieses Problems ist die richtige Lehre durch Pastoren und Diener des Evangeliums Christi. Den Gläubigen müssen die Grundsätze der Haushalterschaft beigebracht werden. Patrick Johnson fasst unter Berufung auf die Lehre von Ron Blue die Gründe zusammen, warum Christen nicht richtig spenden. Sie haben es nicht vor, wissen nicht, wie sie es tun sollen, haben begrenzte Beziehungen und Visionen, finanzielle und geistliche Probleme. Er kommt zu folgendem Schluss:

> Betrachten wir also das eigentliche Problem, warum Menschen nicht spenden: geistliche Probleme. Ich habe mit vielen Leitern von Megakirchen darüber gesprochen, wie viel Prozent ihrer Wochenendbesucher im Laufe eines Jahres nichts an die Kirche spenden. Am häufigsten höre ich die Antwort: 50 Prozent der Leute geben 0 Dollar. 50 Prozent! Wenn ich über diese Leute nachdenke, würde ich vermuten, dass sie weder ihre Bibel lesen noch außerhalb einer Krise beten oder anderen dienen.[102]

Eliot Crowther und Chris Heaslip, die Mitbegründer von Pushpay. com, haben folgende Vorschläge für Geistliche, wie sie ihre Mitglieder dazu erziehen können, ihr Spendenverhalten zu verbessern:
(1) Bringe Deine Leitung ins Boot. Die Kirchenleitung und die Mitarbeitenden müssen von der Idee überzeugt sein. „Egal, wie viel Du Deine Mitglieder zum Spenden aufforderst, die Verantwortlichen müssen es auch zeigen." (103)
(2) Sei Dir über Deine Erwartungen im Klaren. Versuche, „die Menschen daran zu gewöhnen, ihre Finanzen als eine Erweiterung ihres Glaubens zu betrachten". (3) Mach das Spenden einfach. Manche Menschen haben ihr Scheckbuch oder Bargeld nicht immer bei sich. Mach es ihnen möglich, indem Du eine einfache, schnelle und mobile Option anbietest, die ihnen das Spenden im Handumdrehen ermöglicht. (4) Erzähle Geschichten über das Spenden. „Sie müssen von Menschen hören, die die Entscheidung getroffen haben, regelmäßig zu spenden, und von den positiven Auswirkungen, die das auf ihr Leben hatte." (104)
(5) Biete Finanzkurse an. Dadurch werden den Mitgliedern die Grundsätze biblischer Haushalterschaft vermittelt, sodass sie die Freude am christlichen Geben aus erster Hand erfahren können.

Furcht

Die Menschen haben Angst davor, was mit ihren Finanzen passiert, wenn sie spenden, weil ihnen nur begrenzt Mittel zur Verfügung stehen, die viele Bedürfnisse decken müssen. „Bei Finanzen gibt es viel Angst.

Wenn Christen spenden, halten sie sich oft aus Angst zurück oder reduzieren ihre Spenden. Sie fragen sich: ‚Wenn ich dieses Geld gebe, kann ich dann das Schulgeld für das Kind, die Hypothek und andere Rechnungen bezahlen?'"[105] Die Menschen sollten bedenken, dass Gott versprochen hat, die Bedürfnisse treuer Geber zu erfüllen (Philipper 4:19, vgl. 4:15–18).

Mangelnde Reife

Viele Christen sind in ihrem christlichen Leben nicht reif, was sich unter anderem darin zeigt, dass sie zu wenig geben. Die Kirchenleitung muss die Mitglieder über geistliches Wachstum belehren, damit sie in ihrem Glauben stark werden können. Dazu gehört auch ihre finanzielle Nachfolge.

Die Leiter müssen über den richtigen Umgang mit Geld und Besitz, über die Verwendung von Geld und über das Geben von Geld lehren. Sie müssen auch darüber lehren, dass „die Liebe zum Geld eine Wurzel allen Übels ist" (1. Timotheus 6,10).

„Jeder von uns befindet sich in einem anderen Stadium der christlichen Reife. Die Herausforderung für Gemeindeleiter/-innen besteht darin, die Mitglieder effektiv zu Jüngern zu machen, damit sie zu reifen Nachfolgern Jesu werden. Vergiss die finanzielle Jüngerschaft nicht. Unsere Spenden sind ein Lackmustest für unsere geistliche Reife. Tatsächlich sind unsere Kontoauszüge theologische Dokumente, denn sie zeigen uns, was wir wirklich glauben."[106]

Es gehört sowieso alles mir – warum sollte ich etwas geben?

Die meisten Menschen sind der irrigen Meinung, dass sie die wahren Besitzer ihres Geldes und ihres Besitzes sind. Sie vergessen, dass wir alle nur Verwalter dessen sind, was der Herr uns anvertraut hat. Und wir sind auch nur vorübergehende Verwalter. Alles, was wir vermeintlich besitzen, gehört eigentlich Gott. In der Bibel heißt es: „Denn alle Tiere des Waldes sind mein, und das Vieh auf tausend Hügeln" (Psalm 50,20).

In der Bibel steht: „Die Erde ist des Herrn und alles, was darinnen ist, der Erdkreis und alle, die darauf wohnen" (Psalm 24,1). Aus diesem

Grund gehört das, was wir „geben", eigentlich dem Herrn. Wir „geben" also etwas, das uns in erster Linie nur geliehen ist. Deshalb sollten wir lernen, großzügig zu geben. Es gibt so viele Belohnungen beim Geben.

Meine Geschenke zählen nicht wirklich.

Manche Menschen denken vielleicht, dass ihr Geld nicht zählt, weil sie nicht viel davon haben. Aber die Witwe in den Evangelien wurde nicht wegen des Geldes anerkannt, das sie gab, sondern wegen der Haltung, mit der sie gab.

Jesus setzte sich an die Stelle, an der die Opfergaben abgelegt wurden, und beobachtete, wie die Menschen ihr Geld in den Tempelschatz legten. Viele Reiche warfen große Summen ein.

Aber eine arme Witwe kam und legte zwei sehr kleine Kupfermünzen ein, die nur ein paar Cent wert waren. Jesus rief seine Jünger zu sich und sagte: „Ich sage euch die Wahrheit: Diese arme Witwe hat mehr in den Gotteskasten eingezahlt als alle anderen. Sie haben alle von ihrem Reichtum gespendet; sie aber hat aus ihrer Armut heraus alles eingezahlt, was sie zum Leben hatte" (Markus 12:41–44).

Wir sollten mit dem Geben nicht warten, bis wir viel zu geben haben. Wenn wir warten, werden wir Gott vielleicht nie etwas geben. Was immer wir Gott geben, zählt, egal wie wenig oder wie viel es ist, solange es aus einem fröhlichen Herzen kommt.

Fazit

Wir haben verschiedene Punkte zu den vielen Hindernissen untersucht, die Menschen davon abhalten, für Gott und seinen Dienst zu spenden. Zu diesen Problemen zählen Armut, der Wunsch nach mehr Anerkennung für Reiche, Zwang durch Abgaben, fehlende verantwortungsvolle Buchführung, fehlende Budgetierung, fehlende biblische Lehre, fehlende Reife, die Sorge, nicht genug zu haben, die Vorstellung, dass das Geld einem wirklich gehört, und die Meinung, dass die eigenen Gaben nicht wirklich zählen. Für diese Probleme gibt es jedoch Lösungen, mit denen wir uns in unserem nächsten Kapitel beschäftigen werden.

Referenz für Kapitel 4

96. Moore, p. 4.

97. https://wealthwithpurpose.com/our-courses/

98. https://www.biblestuytools.com/bible-study/topical-studies/ what-does-the-bible-say-about- giving.html.

99. Bishop Azariah, p. 55.

100. Bishop Azariah, p. 28.

101. En.m.wikipedia.org.

102. Hhtps://churchleaders.com/pastors-/pastor-how-to/150313 patrick-johnson-giving-why- christians-don-t-give-church.html.

103. https://pushpay.com/blog/20-bible-verses-about-tithing/

104. https://pushpay.com/blog/20-bible-versse-about-tithing/

105. https://wealthwithpurpose.com/our-course/

106. https://wealthwithpurpose.com/our-course/

KAPITEL 5

Lösungen für den Mangel an christlichen Spenden

D as Spenden in unseren Kirchen ist mit vielen Hindernissen verbunden. Aber es gibt Lösungen für diese Probleme. Dazu gehört, trotz Armut zu spenden. Auch die Abschaffung auferlegter Abgaben ist ein Punkt. Ebenso die Budgetierung für die Bedürfnisse der Kirche oder des Dienstes. Eine ordnungsgemäße Buchführung ist ebenfalls wichtig. Ebenso die Förderung einheimischer Spendenformen. Und eine gute biblische Lehre über das Spenden.

Geben trotz Armut
Die Tatsache, dass es unter Christen an aufopferungsvollem Geben mangelt, kann nicht mit Armut als Begründung erklärt werden. Denn unabhängig von den finanziellen Verhältnissen kann jeder etwas geben, so wie die arme Witwe (Markus 12:41-44) oder die mazedonischen Christen (2. Korinther 8:1-5). Auch wer arbeitslos ist oder kein Geld hat, kann seine Zeit, seine Fähigkeiten oder seinen Dienst für die Arbeit des Herrn einsetzen. Das Gleichnis von den Talenten sollte uns motivieren. Wir sollten unabhängig von unserer finanziellen Situation geben. Denn wir wissen genau, dass wir verantwortlich sind. Und zwar für das, was uns anvertraut wurde. (Matthäus 25:14-30)

Geben sollte freiwillig sein, anstatt aufgezwungen zu werden.
Die Methoden der Geldbeschaffung für die Arbeit des Herrn durch Zwang müssen abgeschafft werden. Und zwar ein für alle Mal. Dazu gehören Klassenabgaben, Ernteabgaben, Bauabgaben, Basare, Umlagen

oder die jährliche Missionssammlung (AMC), die unter hohem Druck erfolgen. Diese Taktiken ermöglichen es den Menschen nicht, angemessen, freiwillig und aufopferungsvoll zu geben. Sie halten Gläubige sogar davon ab, nach biblischen Grundsätzen zu geben. Buttrick verfasste folgende Zeilen: „Wenn der Botschafter Christi um finanzielle Unterstützung ersucht, sollte er sich bemühen, in den Menschen die imaginative Sympathie und Liebe zu entfachen, aus der die Freigebigkeit entspringt, und nicht aufgrund ihrer persönlichen Loyalität zu sich selbst zum Geben motivieren."[107]

Oder, wie Jesus sagte: „Umsonst habt ihr empfangen, umsonst gebt" (Matthäus 10,8).

Die Notwendigkeit der Budgetierung

Es ist von entscheidender Wichtigkeit, die Notwendigkeit einer Budgetierung zu betonen. Selbst Jesus fragte: „Angenommen, einer von euch will einen Turm bauen. Ich schlage vor, dass wir uns zuerst hinsetzen und die Kosten abschätzen, um festzustellen, ob wir genug Geld haben, um ihn fertigzustellen. Denn wenn Du den Grundstein legst und es nicht schaffst, ihn fertigzustellen, wird jeder, der es sieht, Dich verspotten und sagen: ‚Der hat angefangen zu bauen und hat es nicht geschafft'" (Lukas 14,28). Der Gedanke der Vorausplanung ist in Jesu Gleichnis enthalten.

Ein Haushaltsplan hilft der Kirche oder dem Dienst, die Bereiche zu erkennen, in die sie ihr Geld investieren müssen. Ein guter Haushaltsplan enthält Pläne, um die Mittel für die Programme der Kirche zu sichern, denn nur so kann die Kirche ihre Aufgaben auch weiterhin erfüllen. Seine Umsetzung sollte kontrolliert werden, um sicherzustellen, dass die Anweisungen der Kirche befolgt werden und das Geld nur entsprechend seiner Herkunft ausgegeben wird. Der Haushaltsplan gibt der Kirche die notwendige Kontrolle über die Ausgaben. Er hilft dabei, die Mitglieder zu schulen, damit sie ihrer Verantwortung gerecht werden. Er unterstützt die Planung, um die Unerreichten zu erreichen und die Bedürfnisse des Volkes Gottes zu erfüllen. Wenn man jedoch den Haushaltsplan für das ganze Jahr einhält, dann ist das ein Zeugnis für die Treue Gottes.

Eine fehlende Budgetierung hat einige Konsequenzen. Ohne Budget ist es viel schwieriger, die Ziele der Gemeinde zu erreichen. „Ein Budget hilft Dir, Deine Ausgaben zu planen und zu kontrollieren. So kannst Du auch besser entscheiden, wo Du kürzen kannst, um Deine Ziele zu erreichen."

Außerdem kannst Du, wenn Du Deine Ausgaben ständig im Auge behältst, erkennen, wann Deine Ausgaben aus dem Ruder laufen und was Du tun musst, um das zu ändern."108Weitere Folgen sind fehlende Ersparnisse, weniger finanzielle Kontrolle, überhöhte Ausgaben, Schulden, Stress und Überforderung durch unerwartete Ausgaben. Die Autorin von „Painful Consequences of Not Budgeting" ist der Ansicht, dass eine fehlende Budgetierung zu einem Anstieg des Stresses führt. Stell Dir mal vor, Du bist auf unerwartete Ausgaben nicht vorbereitet. Oder Du hast das Gefühl, die finanzielle Kontrolle verloren zu haben. Vielleicht lebst Du über Deine Verhältnisse oder hast Dich verschuldet. Dein finanzielles Leben ist unausgefüllt und es ist stressig.

Die Einrichtung eines Ausschusses für den Finanzhaushalt sollte in Betracht gezogen werden. Dieser sollte die oben genannten Bedarfsbereiche der Kirche untersuchen. Es sollte Spalten für den laufenden Haushalt, für Wohltätigkeit und für Missionare geben. Der Ausschuss sollte einen vorläufigen Haushaltsplan aufstellen, ihn prüfen und Empfehlungen abgeben. Der vorläufige Finanzplan sollte den älteren Mitgliedern und den Diakonen zur Begutachtung ausgehändigt werden. Der genehmigte Haushalt wird schließlich der gesamten Gemeinde vorgelegt. Sie darf nur das ausgeben, was im Haushaltsplan oder in der anschließenden Gemeindeaktion genehmigt wurde.

Der Haushaltsplan ist ein großer Fortschritt für die Kirchenfinanzen. Zu Beginn des Jahres kann die Kirche ihren Spendern durch sie klar sagen, was sie erwarten können. Zudem wird die Anzahl unangenehmer finanzieller Appelle in den Sonntagmorgengottesdiensten reduziert und diese werden schließlich ganz verschwinden.

Ein gutes Buchhaltungssystem

Die Qualität eines Buchhaltungssystems hängt in hohem Maße von den Leitern der Gemeinde ab, die in der Regel die Ältesten oder Bischöfe sind. Achte darauf, dass sie nicht gierig sind (1. Timotheus 3,3). Weil sie geprüfte und bewährte Leiter waren, die das Geld der Gemeinde nicht veruntreuen würden, empfahl Paulus Titus und seine Kollegen.

Alle Opfergaben sollten gezählt werden. Und sie sollten im Beisein von mehr als einem repräsentativen Gemeindemitglied in das Kontobuch eingetragen werden. Das sollte geschehen, sobald der Gottesdienst vorbei ist. Achte darauf, dass der gesamte Betrag regelmäßig in die Kirchenkasse eingezahlt wird und nicht vom Pastor oder den Laienmitarbeitern als Gehaltsvorschuss verwendet wird. Die Kirche oder Organisation sollte grundlegende Aufzeichnungen führen, beispielsweise über die Einnahmen, einzelne Spender, ein Scheckbuch und ein Konto bei einer örtlichen Bank.

Beim Umgang mit Kirchengeldern müssen Pastoren und andere Führungskräfte absolut gewissenhaft und über jeden Zweifel erhaben sein. Monatliche Berichte an die offiziellen Kirchengremien sind notwendig, ebenso ein Jahresbericht für die gesamte Kirchengemeinde. „Ein jährlicher Bericht über die Beiträge der Menschen und deren Verwendung schafft Vertrauen, erhöht das Interesse und fördert die Opferbereitschaft."[111]

Einheimische Formen des Gebens fördern

Viele Christinnen und Christen auf der Welt haben zwar den Wunsch zu helfen, aber nicht das nötige Geld. Sie sollten ermutigt werden, materielle Dinge, die sie selbst produziert haben, wie Bananen, Orangen, Süßkartoffeln, Reis oder Bohnen, zu geben. Wenn die Opfergabe zu viel Nahrung auf einmal umfasst, könnten diese Produkte verkauft und das Geld für andere Zwecke verwendet werden. Es könnte an die weniger privilegierten Mitglieder der Gemeinde verteilt werden. Andere könnten spenden, indem sie in der Kirche arbeiten, anstatt Geld zu geben. „Geld ist das Tauschmittel. Dein ganzes Selbst ist in deiner Arbeit, Deinem Können, Deinem Schweiß und deiner Mühe vertreten. Wenn Du es gibst, gibst Du Dich selbst."[113] Die Kirche muss ein Ort sein, an dem jedes Mitglied nach der Führung des Heiligen Geistes geben kann.

Es gibt mehrere Möglichkeiten, wie die Kirche die Opfergabe durchführen kann. Es gibt zwei Möglichkeiten, sie durchzuführen: Entweder während des Kirchenbetretens oder -verlassens oder während einer besonderen Zeit, die während des Gottesdienstes vorgesehen ist. Sie kann auch im Geheimen erfolgen, wenn keine anderen Personen zuschauen. Menschen können zu verschiedenen Zeiten in einen Opferstock einzahlen, der von einer Kirche aufgestellt wird. Manche Kirchen verwenden mehrere Boxen. Diese sind für Spenden für die Armen, für Missionen, für den Dienst und andere Zwecke gekennzeichnet.

Klare biblische Lehre zum Geben

Die Anweisung Jesu an seine Jünger ist ein Gebot. Sie lautet, zu allen Völkern zu gehen und sie zu lehren. Dabei sollen sie alles beachten, was er ihnen geboten hat. Das steht in Matthäus 28,20. Wenn wir nicht entschuldigt werden können, wenn wir die Lehren über die Versöhnung, die Erlösung und die Kirche nicht lehren, können wir auch nicht entschuldigt werden, wenn wir die Lehre über die Haushalterschaft nicht lehren.

Eine tiefe Erfahrung des christlichen Lebens und eine treue Lehre über Haushalterschaft nach neutestamentlichen Grundsätzen sollten diejenigen Kirchen erreichen, die es vernachlässigt haben, biblisches Geben zu lehren. Konvertiten sollten von Beginn ihres christlichen Lebens an die Pflicht und das Privileg christlicher Haushalterschaft gelehrt werden. Waldo Werning schrieb:

„Nur biblische Prinzipien führen zu biblischen Spendengewohnheiten." Man kann nicht sich selbst säen und den Geist ernten. Die Lösung für mangelndes Geben bestehe nicht darin, Stewardship-Verse zu sammeln und sie den Christen einzuflößen, um sie dazu zu bringen, das abzugeben, was die Kirche braucht. Vielmehr müsse das Evangelium so gelehrt werden, dass der Heilige Geist menschliche Barrieren in den Herzen niederreiße und an derselben Stelle ein Haus der Liebe baue.[115]

Jason Soroskis Kommentare zum christlichen Geben sollten jeden Gläubigen ermutigen.

Über die Jahrhunderte hinweg haben Christen großzügig und aufopferungsvoll für die Sache des Evangeliums gespendet, und dies nicht nur einmal, sondern immer wieder. Sie haben Schulen, Wohlfahrtsverbände und Krankenhäuser finanziert. Sie haben Zeit und Geld gespendet, um Städte nach Überschwemmungen und Bränden wiederaufzubauen. Die Christen haben auf eine Weise gespendet, die andere nie erfahren werden, und zwar an ihre Ortsgemeinden, an Missionare und an bedürftige Nachbarn. Nach dem Vorbild unseres Erlösers, der alles für uns gegeben hat, sind Christen ein gebendes Volk.[116]

Fazit

Die Frage des Gebens ist keine traurige, wie viele Menschen denken, sondern eine freudige. Auch wenn es vielen Menschen nicht gelingt, großzügig, angemessen, freiwillig, fröhlich und aufopferungsvoll zu geben, ist es dennoch gut zu erkennen, dass Geben segensreich ist (Apostelgeschichte 20:35).

Jeder Christ sollte sich daher von dem edlen Beispiel Christi motivieren lassen, sich aufopferungsvoll für das Werk des Herrn und die weniger Privilegierten einzusetzen.

Neben dem Beispiel Christi sollte uns auch die Erkenntnis motivieren, dass uns alle materiellen Besitztümer und sozialen Möglichkeiten von Gott anvertraut wurden. Diese Erkenntnis sollte uns anspornen, Gott im Gegenzug etwas zurückzugeben.

Wenn das biblische Geben durch Faktoren wie Armut, Unterschlagung, unzureichende Budgetierung oder andere Hindernisse behindert wurde, müssen wir die Probleme mit einer guten biblischen Lehre und vernünftigen Praktiken korrigieren!

Biblisches Geben hat viele Funktionen: Es ehrt Gott, drückt unsere Dankbarkeit gegenüber Christus aus, bringt einen christlichen Charakter hervor, erzeugt geistliche Freude und erfüllt die geistlichen, emotionalen und körperlichen Bedürfnisse der Menschen überall. Und selbstverständlich ist es besser, mehr als den Zehnten zu geben. Der Autor hofft. Er hofft, dass die Lektüre dieses Buches seinen Zuhörern hilft. Er hofft, dass sie bessere Verwalter ihres Besitzes werden. Und er hofft, dass sie freudigere Diener Christi werden.

Referenz für Kapitel 5

107. Buttrick et al., p. 367.

108. https://bethebudget.com/consequences-of-not- budgeting/#:~:text=8 https://bethebudget.com/consequences-of-not-budgeting text=8

109. Moore, pp. 64–65.

110. Kenneth K. Kilinski and Jerry C. Wofford, *Organization and Leadership in the Local Church* (Grand Rapids; Michigan: Zondervan Publishing House, 1976), p. 199.

111. Bishop Azariah, p. 89.

112. Oral Roberts, *Miracle of Seed Faith* (Tulsa, Oklahoma: Oral Roberts, 1970), p. 20.

113. Delonise M. Beall, *Christian Stewardship* (Grand Rapids, Michigan: Zondervan Publishing House), 1955.

114. Waldo J. Werning, *What Moves Men as Stewards (Christianity Today.* April 24, 1970), p. 91.

115. www.Jasonsoroski.wordpress.com

ANHANG

Ich empfehle von Herzen den Artikel 50 *Ways to Encourage Faithful Giving* Lewis Center for Church Leadership of Wesley Theological Seminary.

Der Artikel ist abrufbar unter: https://www.churchleadership.com/50-ways/50-ways-to-encourage-faithful-giving/ und wird hier mit Genehmigung abgedruckt. Durch treue Haushalterschaft und überschwängliche Großzügigkeit soll in der Nachfolge Wachstum ermöglicht werden, so die Ermahnung des Artikels an einzelne Christen und christliche Organisationen. Den gesamten Artikel habe ich hier abgedruckt. Ich möchte alle Leser dieses Buches ermutigen, sich auch den Abschnitt des Anhangs anzusehen.

Betone die spirituelle Dimension der Haushalterschaft.

1. Haushalterschaft wird von uns als ganzheitliches Modell unserer Beziehung zu Gott gelehrt, als greifbarer Ausdruck unseres Vertrauens in Gott. Im gläubigen Leben spielt das Geben eine ebenso wichtige Rolle wie das Gebet, das Bibelstudium und die Anbetung – es ist also eine geistliche Angelegenheit.
2. Als Akt der Anbetung. Nutze die Opferzeit, um die geistliche Bedeutung des Gebens hervorzuheben. Nimm in jedem Gottesdienst eine Opfergabe entgegen.
3. Sei ein gutes Beispiel. Der Pastor sollte den Zehnten geben und andere Pastoren, Mitarbeiter und Führungskräfte ermutigen, dasselbe zu tun, denn nur gemeinsam können wir die Ziele erreichen. Alle Führungskräfte müssen ihr Geben ernst nehmen

und Großzügigkeit vorleben.

4. Sprich offen über Geld und Treue zu Gott. Wenn das Thema Geld den Leitern unangenehm ist, werden auch die Mitglieder unangenehm sein. Kennen Sie Ihre Geschichte des Gebens und seien Sie bereit, sie zu bezeugen.

5. Deine Mitglieder sollen ein Vorbild für die Spendenbereitschaft sehen, die Du Dir wünschst. Daher solltest Du großzügig für Dienste außerhalb der Gemeinde spenden.

6. Vermittle die Theologie der Haushalterschaft auf verschiedene Weise – im Schulunterricht, an anderen Lernorten, in Predigten und im Schriftverkehr. Verwende Bibelstellen, Zitate und Geschichten zum Thema Haushalterschaft, um Mitteilungsblätter, Rundbriefe, andere Drucksachen und die Website zu gestalten.

Wissen, was zum Geben motiviert.

7. Du weißt, dass Menschen aus den unterschiedlichsten Gründen spenden. Nur wenige haben eine gut geplante oder beständige Spendenstrategie. Manche spenden aus einem Impuls heraus. Andere sind eher zurückhaltend. Da verschiedene Arten von Spendenaufrufen bei verschiedenen Spendertypen wirksam sind, ist es wichtig, die Zielgruppe im Hinterkopf zu behalten.

8. Erkenne, dass Menschen etwas bewirken wollen. Sie geben für das, was sie schätzen.

9. Schätze, dass treues Geben eine Frucht der geistlichen Reife ist. Es braucht Zeit und viel Pflege, um sich zu entwickeln.

10. Betreibe kein Fundraising. Die Menschen geben für Gott. Sie geben nicht, um das Gehalt des Predigers zu erhöhen. Sie geben auch nicht, um die Nebenkosten zu bezahlen. Betrachte Spenden nicht als eine weitere Rechnung, die Du bezahlen musst. Eine solche Rechnung kannst Du ohne Säumniszuschläge, Strafen oder die Notwendigkeit, sie nachzuholen, auslassen. Betone das Geben als eine freudige Antwort auf Gottes Großzügigkeit und nicht als eine Verpflichtung.

11. Sprich mit den Mitgliedern über Haushalterschaft und Möglichkeiten zum Spenden. Die meisten Menschen erhöhen ihre Spenden nicht. Sie haben entweder keine zwingenden Gründe dafür. Oder sie wurden darum gebeten. Scheue Dich nicht, die

Bedürfnisse der Gemeinde anzusprechen, aber betone dabei immer die Mission.

12. Pflege von Beziehungen. Menschen spenden an Personen und Organisationen, zu denen sie eine Verbindung haben. Gemeindeleiter sollten aufmerksam zuhören, um herauszufinden, welche Themen für die Gemeindmitglieder wichtig sind, denn nur so können sie ihre Aufgaben bestmöglich erfüllen. Persönliches Werben ist entscheidend, vor allem bei größeren Spenden.

13. Denke daran, dass Menschen – vor allem die jüngere Generation – für die Mission spenden, nicht für Institutionen oder Budgets. Egal, was Du über Spenden kommunizierst: Der Fokus sollte auf dem Dienst und nicht auf dem Unterhalt liegen.

14. Die Vitalität der Gemeinde ist der Schlüssel zum Spenden. Die Steigerung der Spendenbereitschaft ist eng verbunden mit dem Engagement und der Beteiligung der Gemeindemitglieder. Beteilige so viele Menschen wie möglich an den Diensten der Gemeinde.

15. Informiere frei über die wunderbaren Dinge, die durch Spenden ermöglicht werden. Nutze Ankündigungen, um die Menschen daran zu erinnern, welche Auswirkungen sie haben. Schwarze Bretter, die zeigen, wie die Kirche in der Mission tätig ist, sind eine gute Erinnerung für die Gemeinde.

Die Geschichte der Kirche kann auf Websites erzählt werden. Außerdem können diese das Thema „Haushalten und Spenden" interpretieren.

Lerne Deine Spender und das Spendenverhalten der Gemeinde kennen.

16. Stelle keine Vermutungen darüber an, was die Leute geben – in den meisten Fällen wirst Du falsch liegen.

17. Gewähre Deinem Pastor als einer Angelegenheit der Seelsorge und nicht als Macht oder Privileg Zugang zu den Spendenunterlagen der Mitglieder.

18. Achte auf Veränderungen im Spendenverhalten – wenn jemand plötzlich aufhört zu spenden, wenn ein erwachsenes Kind anfängt, Schecks für seine Eltern auszustellen, wenn es Verwirrung über das Spenden gibt, wenn zweckgebundene Spenden das allgemeine Spenden ersetzen usw. Informiere den Pastor oder die Pastorin über

mögliche Probleme in der Seelsorge.

19. Kenne Deine Leute und gehe auf sie zu, wo sie sind. Jemand, der noch nie gespendet hat, reagiert anders als jemand, der regelmäßig, angemessen und großzügig spendet.

20. Verstehe die finanziellen Profile in deiner Gemeinde. Ein spontanes Angebot wird keinen Erfolg haben, wenn nur wenige Menschen Bargeld mit sich führen. Mehr Frauen als Männer haben ein Scheckbuch dabei. Außerdem bezahlen jüngere Generationen eher bargeldlos. Aktien werden von einem Fünfundzwanzigjährigen wahrscheinlich nicht verschenkt, während eine Erbschaftsspende von einem älteren Mitglied mit festem Einkommen einer Spende vorgezogen wird, die sein monatliches Einkommen verringert.

21. Überprüfe die Spendenindikatoren im Laufe des Jahres. Vergleiche die Pfandzahlungen mit denen der Vorjahre.

22. Erfahre, wie sich die tatsächlichen Einnahmen im Vergleich zu den geplanten Einnahmen in einer bestimmten Zeit des Jahres gestalten. Vermeide es, das Gesamtbudget in gleichmäßige Monats- oder Wochensegmente aufzuteilen und zu berichten, was „bisher benötigt wurde". Keine Kirchengemeinde erhält ihre Einnahmen so gleichmäßig. Stattdessen ist es sinnvoll, den gleitenden Drei-Jahres-Durchschnitt zu ermitteln. Dieser gibt an, wie viel Prozent der gesamten Spenden in diesem Zeitraum normalerweise eingehen.

Biete eine Vielzahl von Möglichkeiten zum Spenden an.

23. Gib den Menschen mehrere Möglichkeiten zu spenden. Wer neu in der Gemeinde ist, ist vielleicht nicht mit dem Konzept des Pfandes und des Zehnten vertraut. Andere Möglichkeiten des Gebens können ihnen helfen, sich daran zu gewöhnen.

24. Reflektiere darüber, ob es ratsam wäre, denjenigen, die keine Zusagen getätigt haben, sowie den nicht ortsansässigen Mitgliedern in regelmäßigen Abständen geeignete Mitteilungen zu übermitteln.

25. Denke daran, dass Menschen aus ihrem Einkommen, ihrem Vermögen (Aktien, 401ks, Anleihen und Immobilien) oder durch Vermächtnisse und Legate spenden können. Schaffe für jede Art von Spende die passende Gelegenheit.

26. Warte nicht Jahrzehnte zwischen Kapitalkampagnen. Häufigere Kapitalkampagnen schaffen eine Kultur der Unterstützung

des kirchlichen Kapitalbedarfs und verhindern, dass Immobilienprobleme vernachlässigt werden.

27. Errichte eine Stiftung oder einen dauerhaften Fonds, auch wenn Du noch keine Vermächtnisse erhalten hast. Menschen können nicht für etwas spenden, das nicht existiert. Formuliere Richtlinien für Testamente, Erbschaften und Vermächtnisse. Eine große Nachlassspende kann zur Spaltung führen, wenn es keine geeigneten Verfahren gibt.

Unterstütze die Mitglieder beim Umgang mit ihren persönlichen Ressourcen.

28. Denke daran, dass persönliche Finanzen und Ausgabenentscheidungen ebenso Teil der christlichen Haushaltsführung sind wie das Spenden an die Kirche. Die Kirchen bitten die Menschen zwar oft, die finanzielle Situation der Kirche zu berücksichtigen, bieten aber nur selten an, bei der finanziellen Situation der Mitglieder zu helfen.

29. Bringe den Mitgliedern bei, über ihre Finanzen als Ausdruck ihres Glaubens nachzudenken. Nutze geeignete Lernmittel, um eine Theologie der persönlichen Haushalterschaft zu fördern. Das Geben des Zehnten und der Erstlingsfrüchte sollte als eine treue Art und Weise betont werden, den persönlichen Finanzen Priorität einzuräumen. Dabei sollte es nicht als Mittel verwendet werden, um Kirchenrechnungen zu bezahlen.

30. Biete Workshops zu Budgetierung, Finanzmanagement und Nachlassplanung an.

31. Fördere Sitzungen, in denen die Mitglieder zusammenkommen können, um persönliche finanzielle Herausforderungen zu besprechen. Eltern von Schülern, die sich auf das College vorbereiten, könnten beispielsweise über Finanzierungsmöglichkeiten für die Ausbildung sprechen. Für die Mitglieder, die für ihre alternden Eltern verantwortlich sind, gibt es die Möglichkeit, sich mit anderen Mitgliedern auszutauschen, die wissen, wie sie helfen können.

32. Kümmere Dich um die wirtschaftlichen Belange der Gemeindemitglieder. Seelsorgerischer Beistand und Selbsthilfegruppen für Arbeitslose, Menschen im beruflichen Umbruch und Menschen in finanziellen Schwierigkeiten anbieten.

Entwickle ein ganzjähriges, umfassendes Stewardship-Programm.

33. Halte das ganze Jahr über Predigten zum Thema Haushalterschaft, nicht nur in den Wochen, in denen Du um eine Schätzung der jährlichen Spenden bittest.

34. Sei Dir bewusst, dass die Entwicklung einer Gemeinde von treuen Gebern nicht innerhalb von drei bis vier Wochen geschieht. Die Menschen werden nicht in einem Moment oder durch einen Einfluss zu treuen Haushaltern.

35. Erstelle einen jährlichen Stewardship-Kalender, der die verschiedenen Stewardship-Anliegen zu verschiedenen Zeiten des Jahres hervorhebt, beispielsweise jährliches Engagement im Herbst, Spenden auf der zweiten Meile am Jahresende oder geplante Spenden zu Allerheiligen. Entwickle Stewardship-Themen, die zu den verschiedenen kirchlichen Veranstaltungen und liturgischen Jahreszeiten passen.

36. Ermutige treue Spender über den Sommer, indem Du am letzten Sonntag vor den Ferien eine Predigt zum Thema Haushalterschaft hältst. Jeder weiß, dass die Kirchenrechnungen nicht in die Ferien gehen, also hör auf, Deine Mitglieder daran zu erinnern.

37. Mache das Spenden und die Erziehung zur Haushalterschaft zu einem Teil deiner Arbeit mit Kindern und Jugendlichen.

38. Nimm Dir die Zeit, alles, was mit der Haushalterschaft zu tun hat, gründlich zu erledigen. Schlechte Planung führt zu schlechten Spenden. Inspiriere Großzügigkeit durch gutes Management.

39. Wisse, dass Menschen an gesunde Organisationen spenden, bei denen sie sicher sein können, dass ihr Geld sinnvoll verwendet wird.

40. Zeige Ehrlichkeit und Offenheit im Umgang mit Finanzen.

41. Bemühe Dich um eine gute und vertrauensvolle Zusammenarbeit zwischen Pastor/in, Schatzmeister/in und Finanzsekretär/in.

42. Sorge dafür, dass jede Woche mindestens zwei voneinander unabhängige Personen die Opfergaben zählen.

43. Stelle sicher, dass alle Mittel ordnungsgemäß verwaltet werden. Führe genaue Aufzeichnungen über Einnahmen und Ausgaben. Bewahre Deine Spendenunterlagen sicher auf.

44. Informiere die Gemeinde auf sinnvolle Weise über finanzielle Angelegenheiten. Richte rechtzeitig Finanzberichte aus und stelle sie jedem Mitglied zur Verfügung, das sie anfordert. Melde finanzielle

Belange auf einheitliche Art und Weise.

45. Versende die Spendenberichte/Spendenabrechnungen rechtzeitig und füge stets einen Dankesgruß sowie eine Erinnerung an nötige Aktualisierungen hinzu.

46. Veranlasse jährlich eine unabhängige Prüfung oder Überprüfung der Finanzen. Teile den Mitgliedern mit, dass die Prüfung vom Finanzausschuss abgeschlossen wurde und dass sie diese einsehen können. Dazu ist es nötig, dass Du im Sonntagsblatt einige Mal eine kurze Ankündigung veröffentlichst.

Sag oft danke.

47. Finde verschiedene Anlässe und Wege, um denjenigen zu danken, die die Arbeit der Kirche ermöglichen – von der Kanzel, persönlich, im Rundbrief und auf den Spendenbescheinigungen.

48. Führe einen jährlichen „Dankeschön-Tag" durch, der nicht mit einer Spendenaktion verbunden ist.

49. Erzähle Geschichten darüber, wie sich das Leben durch Spenden verändert hat. Die Menschen müssen wissen, dass ihre Spenden etwas bewirken.

50. Als Zeichen der Wertschätzung solltest Du sicherstellen, dass alle Deine Spendenverfahren so bequem wie möglich sind. Du solltest darauf verzichten, Verfahren und Richtlinien zu nutzen, die dazu dienen, der Bequemlichkeit derjenigen, die die Gelder verwalten, zu dienen und nicht derjenigen, die die Gelder geben.[117]

---

117. Ein kostenloser E-Newsletter des Lewis Center for Church Leadership des Wesley Theological Seminary, erhältlich unter churchleadership.com

Wege zu Geben

Menschen können auf unterschiedliche Arten Spenden oder Gaben an Kirchen, Organisationen oder Wohltätigkeitsorganisationen geben. Das macht es einfacher, von zu Hause, in der Kirche oder im Büro zu spenden.

Spende mit einem Link. Gib einfach einen Link weiter, und jeder kann spenden, ohne ein Konto erstellen zu müssen.

Auf deiner Website. Füge eine gut sichtbare Schaltfläche zum Spenden auf deiner Website ein. Joanna schrieb: «Werde digital. Richte auf deiner Gemeinde-Website eine Spendenmöglichkeit ein. Richte eine klare Möglichkeit ein, deiner Gemeinde Online-Spenden anzubieten. Auf diese Weise kann ganz einfach auf der Kirchenwebsite eingeloggt werden, um von zu Hause aus zu spenden, oder sogar das Handy gezückt und während des Gottesdienstes von einem Platz aus gespendet werden.[118]

Text zum Geben. Ein paar Fingertipps genügen.

Kiosk-Spenden. Richte ein iPad in der Lobby ein, damit Deine Gemeinde spenden kann.

Anpassbare App. Spende über eine App, die Du an das Erscheinungsbild deiner Kirche anpassen kannst.

---

118. Joanna Gray, www.clovergive.com

Bargeld und Schecks. Du kannst Deine Spenden später schnell erfassen.

Zelle. Überweise Deine Gaben oder Spenden von Deinem Bankkonto auf das Konto der Kirche, des Ministeriums oder der Organisation.

Dauerauftrag. Die Menschen können eine wiederkehrende oder automatische monatliche Abbuchung von ihrem Konto einrichten, die dann zu einem festen Zeitpunkt vom Konto abgebucht wird. Wiederkehrende Zahlungsoptionen bieten viele Vorteile. Wenn Du diese Option für Spenden an Deine Kirche anbietest, kann das Gleiche auch für die Gemeinde gelten. Weise auf deiner Website auf die Möglichkeit hin, eine wiederkehrende Spende zu tätigen. Erlaube deiner Gemeinde, ihre Beiträge mit ihrer Debitkarte direkt auf deiner Website zu planen.[119]

Übertrage jemandem die Verantwortung. Menschen sollten damit beauftragt werden, Kirchenopfer und Spenden zu sammeln – und zwar von Kirchen und Organisationen. Das sollte eine freiwillige Aufgabe sein. Ihre einzige Aufgabe besteht darin, die Gelder, die bei der Kirche oder Organisation eingehen, zu überwachen. Sie sollten auch die Ausgaben überwachen.

---

119. Joanna Gray, www.clovergive.com

BIBLIOGRAPHIE

Kommentare
Buttrick, George A. et al. *The Interpreter's Bible*. vol. 10. Nashville; Tennessee: Abingdon Press, 1978.
Spence, H. D. M., Joseph S. Exell. *The Pulpit Commentary on Corinthians*, vol. 19. Grand Rapids, Michigan: Eerdmans Publishing Company, 1952.
Williams, Charles. *A Commentary on the Pauline Epistles*. Chicago, Michigan: Moody Press, 1953.

Wörterbücher und Enzyklopädien
Hornby, A.S.E.V. Gatenby, H. Wakefield. *The Advanced Learner's Dictionary of Current English*. London: England: Oxford University Press, 1965.
Merrill, Tenney C. et al. *The Zondervan Pictorial Encyclopedia of the Bible*. vol. 1. Grand Rapids, Michigan: Zondervan Publishing House, 1977.

Bücher
Allen, Hattie Bell. *Living for Jesus*. Nashville, Tennessee: The Sunday School Board of the Southern Baptist Convention, 1939.
Aluko S. A. *Christianity and Communism: The Challenge to Our Church*. Ibadan, Nigeria: Daystar Press, 1964.
Azariah, V. S. *Christian Giving*. New York, New York: World Christian Books Association Press, 1955.
Beall, Delouise M. *Christian Stewardship*. Grand Rapids, Michigan: Zondervan Publishing House, 1955.

Beaven, A. W. *Putting the Church on a Full Time Basis*. New York, New York: Double Day, Doran and Company, Inc., 1928.

Benson, Clarence H. *The Church at Work*. Los Angeles, California: The Viola Book Room, 1929.

Burke, R. M. *Pounds and Pennies: How to Save, Spend and Give Money*. Ibadan, Nigeria: Daystar Press, 1967.

Kilinski, Kenneth K., and Jerry C. Wofford. *Organization and Leadership in the Local Church*. Grand Rapids, Michigan: Zondervan Publishing House, 1976.

Lang, G. H. *An Ordered Life*. London, England: The Paternoster Press, 1959.

Lugt, Vander Herbert and Carl H. Smith. *As the Ushers Come Forward*. Grand Rapids, Michigan: Radio Bible, 1976.

Moore, D. Merrill. *Found Faithful: Christian Stewardship in Personal and Church Life*. Nashville, Tennessee: Broadman Press, 1953.

Rees, Paul S. *Christian Commit Yourself*. London, England: Pickering and Inglis Ltd., 1957.

Rice, R. John. *All About Christian Giving*. Wheaton, Illinois: Sword of the Lord Publishers, 1954.

Roberts, Oral. *Miracle of Seed Faith*. Tulsa, Oklahoma: Oral Roberts, 1970.

Ryrie, Caldwell Charles. *Balancing the Christian Life*. Chicago, Illinois: Moody Press, 1981.

Ryrie, Caldwell Charles. *The Ryrie Study Bible*. Chicago, Illinois: Moody Press, 1978.

Ryrie, Caldwell Charles. *What You Should Know About Social Responsibility*. Chicago, Illinois: Moody Press, 1982.

Sankey, DR. Ira. *Sacred Songs and Solos*. London, England: Marshall Morgan and Scott, "n.d."

Periodika

Christensen, Winnie and Chuck, "We Just Can't Afford to Tithe." *Mood Monthly*. July/August 1982.

Werning, J. Waldo. "What Moves Men as Stewards." *Christianity Today*. 24:91, April 1970.

Einige Buchvorschläge

Collins, Marjorie A. *Who Cares About the Missionary?* Chicago, Illinois: Moody Press, 1974.

Ely, Virginia. *Stewardship: Witnessing for Christ.* Westwood, New Jersey: Fleming H. Revell Company, 1962.

Harlow, E. R. *The Imperfect Church.* Ontario, Canada: Everyday Publications Inc. M IS 4L7, 1982.

Hillis, Don. *30 Pieces of Silver.* Findlay, Ohio: Durham Publishing Company, 1960.

Legsters, L. L. *God's Fellow-Workers.* Philadelphia, Pennsylvania: Pioneer Mission Agency, 1937.

Sanders Oswald. J. *Light on Life's Problems.* London, Edinburgh: Marshall, Morgan and Scott Limited, 1946.

Smith, B. Paul. *World Conquest.* London, England: Marshall, Morgan and Scott Limited, 1966.

Thompson, Phyllis. *Proving God, Financial Experiences of the China Inland Mission.* Chicago, Illinois: Moody Press, 1956.

Websites

Anderson. https://www.the bridgeonline.ne/category/articles/

Anderson, Brian. https://www.thebridgeonline.net/authority/brian/

Copeland, Kenneth. "Tithing 101: The Top 10 Bible Truths You Need to Know." https://blog.kcm.org/tithing-101-the-top-10-bible-truths-you-need-to-know/?

Cree, Chris. "2 Ways God Promises to Benefit You for Tithing" https://newcreeations.org/god-promises-benefits-tithing/?

Dr. Sargeant, Adrian. www.campellrinker.com/Managing_donor_defection.pdf

En.m.wikipedia.org.

Gray, Joanna. www.clovergive.com

A free e-newsletter from the Lewis Center for Church Leadership of Wesley Theological Seminary available at churchleadership.com

https://bible.org/seriespage/lesson-5-giving-god-s-way-selected-scriptures

https://bible-truths-revealed.com/adv15.html

https://blog.kcm.org/tithing-101-the-10-bible-truths-you-need-to-now/?gclid=EAlalQobChMl2rfVfmJ7AlV7Vrx6tBh38ogx7EAMYASAE

gL7 2vD_BwE
https://churchleaders.com/pastors-/pastor-how-to/150313-patrick-johnson-giving-why-christians-don-t-give-church.html.
hhttps://firespring.com/solutions-for-nonprofits/7-reasons-why-donors-leave-you/
https://jcbc.org/3-reasons-why-pledging-matters/
https://pushpay.com/blog/20-bible-verses-about-tithing/
https://ststephens-spokane.com/Ministry/christian-giving-and-pledging.html
https://wealthwithpurpose.com/our-course/
https://www.biblestuytools.com/bible-study/topical-studies/what-does-the-bible-say-about-giving.html
https://www.cafonline.org/my-personal-giving/long-term-giving/resource-centre/five-reasons-to-give--to-charty
https://www. compellingtruth.org/alms.html#:~:text=In the Bible and in historic Christianity%2C almsgiving, seventh year%2C leave the entire field %28E
https://www.episcopalcafe.com/stewardship_tithing_giving_annual_pledge_defined/
https://www.focusonthefamily.com/family-qa/biblical-principles-and-principles-about-money/
https:www.jerrysavelle.org
https://www.networkforgood.com/nonprofitblog/7-reasons-why-donors-give/
https://bethebudget.com/consequences-of-not-budgeting/#:~:text=8 painful Consequences Of Not Budgeting, budgeting%2C
I operated my finances MacArthur, John. "Principles of Godly Giving, Pt. 1-2 Corinthians 8 & 9"
https:/gracebibleny.org/principles_of_godly_giving_pt_1_2_corinthians_8_9.
Soroski, Jason. "The Way I See It." www.Jasonsoroski.wordpress.com
Val Boyle https://bible-truths-revealed.com/adv15.html
Werning, Waldo J. "What Moves Men as Stewards." Christianity Today. April 24, 1970, p. 91. www.campbellrinker.com/Managing_donor_defection.pdf

ÜBER DEN AUTOR

Vincent Onyebuchi Nwankpa, Ph. D., gründete Eternal Word Communication Ministries gemeinsam mit seiner Frau Chinyere. Er liebt Kinder. Die Eternal Word Christian Schools International in Umudibia, Nekede, Imo State, Nigeria werden von ihm geführt. Er ist pensionierter Pädagoge des Los Angeles Unified School District. Er ist Missionar, Pastor und Lehrer. Er hat Gemeinden in Nigeria und den USA gegründet. In Nekede gründete er die Eternal Word Christian Church. Er liebt Jesus Christus und liebt es, ihm zu dienen. Dr. Nwankpa ist nicht nur Ältester, sondern auch Vorstandsmitglied seiner Kirche, der Long Beach Alliance Church.

Er hat die Mission, Seelen für Christus zu gewinnen. Einmal im Monat predigt er in der Long Beach Rescue Mission. Er ist der Autor der Bücher „Understanding Cultural Perspectives" und „God's Word and Missions: A Powerful Tool for Theologizing", die als E-Book erhältlich sind und für Dich geeignet sind. Ein weiteres Buch über die Ehe ist in Arbeit. Dr. Nwankpa ist seit sechsunddreißig Jahren glücklich mit seiner Frau Chinyere verheiratet. Gott hat sie und ihre Kinder gesegnet. Die Kinder heißen Chidi und Chioma. Er ist als Aushilfslehrer tätig, und zwar an den Schulen in Los Angeles und Lynwood. Wenn er nicht gerade in Nigeria auf dem Missionsfeld arbeitet, dann ist er dort.